Crescer em Comunhão
CATEQUESE DE INSPIRAÇÃO CATECUMENAL

Livro do Catequista

5

Célio Reginaldo Calikoski

Débora Regina Pupo

Léo Marcelo Plantes Machado

Maria do Carmo Ezequiel Rollemberg

Virginia Feronato

EDITORA VOZES

Petrópolis

© 2002, 2014, 2021, Editora Vozes Ltda.
Rua Frei Luís, 100
25689-900 – Petrópolis, RJ
www.vozes.com.br
Brasil
31ª edição, 2022

4ª reimpressão, 2024.

Todos os direitos reservados. Nenhuma parte desta obra poderá ser reproduzida ou transmitida por qualquer forma e/ou quaisquer meios (eletrônico ou mecânico, incluindo fotocópia e gravação) ou arquivada em qualquer sistema ou banco de dados sem permissão escrita da editora.

Imprimatur

Dom José Antonio Peruzzo
Presidente da Comissão Episcopal Pastoral para Animação Bíblico-Catequética – CNBB
Bispo referencial da Animação Bíblico-Catequética no Regional Sul II – CNBB
Arcebispo da Arquidiocese de Curitiba - PR
Agosto de 2021

Conselho editorial

Diretor
Volney J. Berkenbrock

Editores
Aline dos Santos Carneiro
Edrian Josué Pasini
Marilac Loraine Oleniki
Welder Lancieri Marchini

Conselheiros
Elói Dionísio Piva
Francisco Morás
Gilberto Gonçalves Garcia
Ludovico Garmus
Teobaldo Heidemann

Secretário executivo
Leonardo A.R.T. dos Santos

Produção editorial
Aline L.R. de Barros
Marcelo Telles
Mirela de Oliveira
Otaviano M. Cunha
Rafael de Oliveira
Samuel Rezende
Vanessa Luz
Verônica M. Guedes

Conselho de projetos editoriais
Isabelle Theodora R.S. Martins
Luísa Ramos M. Lorenzi
Natália França
Priscilla A.F. Alves

Projeto gráfico: Ana Maria Oleniki
Diagramação: Ana Paula Bocchino Saukio
Capa: Ana Maria Oleniki
Revisão gráfica: Francine Porfirio Ortiz
Revisão teológica: Débora Regina Pupo

ISBN 978-65-571-3368-2

Este livro foi composto e impresso pela Editora Vozes Ltda.

SUMÁRIO

Apresentação, 5

Com a palavra, os autores, 7

BLOCO 1 – A PESSOA: CENTRO DA ATENÇÃO DE DEUS

1. Quem sou eu: Meu jeito de ser e de agir, 19
2. Sou especial para Deus, 24
3. Pecado: Conexão perdida, 30
4. Reconectar-se com Deus, 37
5. Encontro celebrativo: Jornada do perdão, 44

BLOCO 2 – UM SER EM RELAÇÃO COM O OUTRO

6. Cada família é única, 53
7. Ser e ter amigos, 58
8. Amor e responsabilidade: Somos templos do Espírito Santo, 64
9. Ser honesto vale a pena?, 71

Os grupos de minha comunidade, 75

10. Encontro celebrativo: Qual é o meu lugar no projeto de Deus?, 76

BLOCO 3 – UM SER EM RELAÇÃO COM O MUNDO

11. Em defesa da criação, 83
12. Em defesa da vida, 88
13. Somos construtores da paz, 95
14. Nosso "sim" a um viver diferente, 100

Colaboradores de Deus, 104

15. Encontro celebrativo: Eu vim para que tenham vida, 105

BLOCO 4 – UM SER EM RELAÇÃO COM A COMUNIDADE

16 Missão do cristão: Ouvir e praticar o Evangelho, 113

17 O Espírito Santo na vida do cristão, 117

18 Vida nova em Cristo, 122

19 Como ser jovem na comunidade, 127

A jornada pastoral, 131

Celebração comunitária: Entrega da cruz, 132

BLOCO 5 – PERMANECER EM CRISTO

20 Banhados em Cristo, somos novas criaturas, 137

21 Perfumados pelo Espírito, 145

22 Dons que iluminam a vida, 153

23 Alimentados pela Eucaristia, 158

Celebração com as famílias: Iluminados por Cristo, 162

Celebração: Confirmados pelo Espírito, 168

Celebração com as famílias: Celebrar a vida em comunidade, 174

LISTA DE SIGLAS E ABREVIATURAS, 179

REFERÊNCIAS, 180

Queridos catequizandos,
Prezados pais e familiares,
Estimados catequistas,

Mais uma vez foi revisada a *Coleção Crescer em Comunhão*. Ela lhes chega com o desejo de acompanhar o caminho de fé de crianças e adolescentes. As páginas em suas mãos trazem textos portadores de preciosos conteúdos catequéticos, expostos com cuidados didáticos e muita sensibilidade pedagógica.

Os autores trabalharam com muita dedicação, tendo os olhos fixos em vocês, queridos catequizandos. Ao escreverem, mantiveram a atenção e a sensibilidade à idade, aos interesses, às necessidades e à linguagem própria de quem pode crescer na fé mediante a educação para o discipulado na catequese. Mas também vocês, queridos catequistas, foram lembrados, tendo reconhecidos suas experiências e o anseio de fazer ecoar a Palavra de Deus.

A vocês, prezados pais e familiares, recordo que, em catequese, nada é tão decisivo quanto o interesse e a participação da família. O testemunho de fé que os catequizandos encontrarem em casa, assim como o entusiasmo pela formação catequética dos filhos, farão com que eles percebam a grandeza do que lhes é oferecido e ensinado.

Agora, pronta a obra, chegou o momento de apresentá-la aos destinatários. É um bom instrumento. É um recurso seguro aos que se entregam à catequese. Mas a experiência de fé vem de outra fonte. Vem do encontro com Jesus Cristo. Por Ele, vale a pena oferecer o melhor. Com Ele, podemos *Crescer em Comunhão*.

Dom José Antonio Peruzzo
Arcebispo da Arquidiocese de Curitiba – PR
Bispo referencial da Animação Bíblico-Catequética no Regional Sul II – CNBB
Presidente da Comissão Episcopal Pastoral para Animação Bíblico-Catequética – CNBB

Com a palavra, os autores

Queridos catequistas, com muita alegria apresentamos a *Coleção Crescer em Comunhão – Catequese de inspiração catecumenal*, renovando a esperança e intensificando o desejo de que a Catequese de Iniciação à Vida Cristã possibilite um caminho para despertar, amadurecer e crescer na fé, de acordo com a proposta de Jesus.

A coleção se chama *Crescer em Comunhão*, pois é este o espírito que perpassa a catequese, um permanente crescimento em "comum união" com os catequizandos, com as famílias, com a comunidade eclesial e com Jesus – que é Caminho, Verdade e Vida.

O percurso da Iniciação à Vida Cristã leva em conta a pessoa, o conteúdo, a realidade. É na catequese que deve acontecer a interação mútua e eficaz entre a experiência de vida e a fé. A experiência de vida levanta perguntas que a fé busca responder. A fé propõe a mensagem de Deus e convida a estar em comunhão com Ele, extrapolando toda e qualquer expectativa humana, e a experiência humana é estimulada a abrir-se para essa nova realidade em Jesus.

Para que aconteça de fato a iniciação cristã de forma plena entendemos que alguns aspectos são de enorme importância, assim destacamos que a catequese deve acentuar o primado da Palavra de Deus, envolver a comunidade eclesial, incluir a família e despertar para a dimensão litúrgica.

Desejamos que a catequese seja uma expressão significativa para toda a ação evangelizadora da Igreja e uma das atividades mais fecundas para a renovação das comunidades, capaz de aproximar-se da realidade das pessoas, tornando a Palavra de Deus mais eficaz na experiência cotidiana de cada catequizando e seus familiares.

Sabemos que o melhor manual é o próprio catequista, que dá testemunho de sua fé e as razões de sua esperança em Jesus e em seu Evangelho. Por isso nesta caminhada esperamos que a *Coleção Crescer em Comunhão* possa colaborar na missão de cada catequista de tornar-se verdadeiro discípulo missionário de Jesus.

Nosso reconhecimento e gratidão a todos os catequistas por seu testemunho e entrega ao ministério da catequese como pilar e alimento da fé viva nas comunidades.

Apresentamos a coleção revisada e atualizada com um grande amor à Igreja, na esperança de impulsionar uma nova etapa na vida da catequese e, ao mesmo tempo, na vida de nossas comunidades cristãs, contribuindo com a formação e educação da fé.

COMO ESTÁ ORGANIZADO O MANUAL DO CATEQUISTA

BLOCOS

O livro do catequista é organizado em blocos, um conjunto de temas agrupados sequencialmente para garantir o conhecimento e educação da fé. Cada bloco possui um texto introdutório para apresentar o conjunto de temas nele selecionados. Os temas dos blocos são apresentados por meio de encontros, estruturados da maneira a seguir.

OBJETIVO

É a meta a ser alcançada com o desenvolvimento do tema.

LEITURA ORANTE

É o momento para o catequista se preparar pedindo a iluminação de Deus.

A oração é o combustível para a missão catequética. É nela que encontramos a força para enfrentar os obstáculos, a sabedoria para agir nas diferentes situações. É nela também que encontramos e entramos em comunhão com aquele que é Santo e nos santifica.

A leitura orante levará o catequista a ter intimidade com o tema que será apresentado aos catequizandos em cada encontro. Eis os passos para praticá-la:

- **Leitura atenta do texto:** Este momento é para conhecer e amar a Palavra de Deus. Ler lentamente o texto, saboreando cada palavra ou frase. Ler uma vez, silenciar um pouco, ler uma segunda vez. Fazer um momento de silêncio interior, lembrando o que leu, pois o silêncio prepara o coração para ouvir o que Deus tem a falar.

- **Meditar a Palavra:** Atualizar a Palavra, ligando-a com a vida. Algumas questões auxiliam: O que o texto diz para mim, para nós? Que ensinamento o Senhor quer nos dar?

- **Respondendo a Deus pela oração:** Neste momento nos dirigimos a Deus, nos perguntando: O que o texto me faz dizer a Deus? Pode ser um pedido de perdão, porque a Palavra nos levou ao reconhecimento de que não estamos vivendo fielmente ou cumprindo o que Ele pede. Pode ser um louvor, uma súplica, um agradecimento. A oração deve brotar do coração tocado pela Palavra.

- **Contemplação:** Neste momento relemos o texto e nos colocamos diante da Palavra acolhendo-a em nosso coração e escolhendo uma frase ou palavra que nos ajude a olhar a vida, as pessoas e o mundo como Deus olha. Depois formulamos um compromisso. A Palavra de Deus nos aponta um caminho novo de vida, algo que precisamos mudar.

FUNDAMENTAÇÃO PARA O CATEQUISTA

Trata-se de um texto no qual o catequista encontrará subsídio teórico sobre o tema e o texto bíblico. É o momento de fundamentar-se de modo a estar preparado para o encontro.

O ENCONTRO

Nossa escolha metodológica para o desenvolvimento dos temas nos encontros catequéticos é inspirada no Evangelho de Lucas 24,13-35. Trata-se da passagem que relata a experiência dos "Discípulos de Emaús". O texto aponta para a dimensão da experiência do encontro com Jesus Cristo no caminho, na vida, na Palavra e na celebração. E como esse encontro leva a retomar o caminho e a partilhar com os outros o que se vivenciou, sua finalidade última é despertar para a missão. Os discípulos, ao realizarem uma experiência nova, o encontro com o Ressuscitado, voltaram pelo mesmo caminho, mas com um novo horizonte, tanto para a vida como para a missão.

O encontro está estruturado de forma a ajudar o catequista na sua organização. Para isso é preciso observar os elementos a seguir.

MATERIAIS

Propõe os recursos que o catequista vai precisar para desenvolver o encontro.

PARA INICIAR O ENCONTRO

É o momento de acolhida e apresentação do tema a partir do texto introdutório do livro do catequizando.

CRESCER COM A PALAVRA

Apresenta o texto bíblico com reflexões e ações para o catequizando realizar em grupo ou individualmente.

No decorrer dos encontros catequéticos é fundamental favorecer o encontro pessoal com o Cristo vivo do Evangelho e o aprofundamento constante do compromisso de fé. A catequese não se trata de um simples ensino, mas da transmissão de uma mensagem de vida. A educação da fé sempre supõe transmitir aquela vida que o Cristo nos oferece, principalmente através das vivências que o catequista realiza com os catequizandos e suas famílias.

A catequese deve partir da vida, da realidade, e ser iluminada pela Palavra de Deus. É o momento do anúncio da mensagem e de colocar o catequizando diante de Deus, de confrontá-lo com a fé. Neste confronto, ele próprio descobrirá a ação de Deus Salvador na sua realidade e irá se abrir para uma leitura nova da Palavra de Deus à luz dos acontecimentos.

Sendo a Bíblia o livro da fé, o catequizando e sua família devem ser orientados a realizar o contato diário e desenvolver uma familiaridade profunda com ela. Um elemento importante para isso é a leitura orante da Palavra de Deus no esforço de promover a interação entre o ontem e o hoje, a fé e a vida.

CRESCER NA ORAÇÃO

A dinâmica da oração sempre vai ter relação com o texto bíblico e com o tema do encontro. Ela vai levar o catequizando a refletir sobre o que está estudando.

Os encontros catequéticos precisam ser celebrativos, simbólicos e orantes. O catequista acompanha e conduz catequizandos e famílias para a experiência de fé (cf. DC, n. 113b). Assim, ele deve se preocupar em fazer o catequizando crescer na vida da oração, pela força do Espírito e seguindo o Mestre Jesus.

A oração abrirá espaço para a interiorização e vivência profunda do encontro com Cristo em resposta à Palavra. Favorecerá também a participação litúrgica na comunidade.

CRESCER NO COMPROMISSO

Propõe como compromisso uma ação a ser realizada pelo catequizando sozinho ou com a sua família. Esse compromisso está em sintonia com o tema e com o texto bíblico.

A experiência de fé se traduz em ações concretas de testemunho, em vivência transformadora. As ações propostas em cada encontro ajudam a assimilar, expressar e levar para a vida o que foi refletido. Lembramos que as ações transformadoras são lentas e exigem perseverança.

A espiritualidade do catequista é a atitude de quem mergulha dentro dos fatos para descobrir neles a presença ativa e transformadora da Palavra de Deus, procurando comprometer-se com essa Palavra em sua vida.

COMO ESTÁ ORGANIZADO O MANUAL DO CATEQUIZANDO

O livro do catequizando também está organizado em blocos, tendo um conjunto de temas que ajudam no conhecimento e na educação da fé, sistematizados em encontros. O objetivo dos blocos é articular os conteúdos em torno de uma mesma temática e ajudar o catequizando a perceber as correlações entre eles no processo de sua formação e educação da fé.

O objetivo de todo o processo catequético é levar os catequizandos e suas famílias a um encontro íntimo e pessoal com Jesus Cristo. A realização dos encontros contribui para este processo e necessita de temas organizados sistematicamente numa sequência crescente de conteúdos e ações. Para isso é importante considerar a relação entre: PALAVRA (vida e Palavra), ORAÇÃO (celebração) e COMPROMISSO (ação). Nesta perspectiva o livro do catequizando está estruturado de modo que suas partes sejam interdependentes.

O ENCONTRO

O encontro está estruturado da seguinte forma:

TEXTO INTRODUTÓRIO

Compõe-se de um texto que introduz o tema a ser refletido e rezado no decorrer do encontro.

CRESCER COM A PALAVRA

Deus se comunica conosco mediante sua Palavra, que é sempre atual e atuante na vida. Diante das situações que nos cercam, portanto, precisamos recorrer a ela com atitude de escuta e acolhimento, a fim de discernir o que Deus está nos dizendo, o que Ele quer de nós, para onde quer nos conduzir.

Neste momento do encontro é desenvolvida a relação da vida com a Palavra (texto bíblico) segundo orientações de como fazê-la e de como proceder para favorecer ao catequizando a aprendizagem do conteúdo.

A atitude de escuta diante de Deus e de sua Palavra permite que Ele conduza, com seus ensinamentos, a vida de cada catequizando. Sendo assim, a leitura da Bíblia não pode faltar nos encontros. Na Bíblia estão narrados o encontro e o relacionamento de Deus com a humanidade, com a finalidade de levá-la à comunhão com Ele. A Bíblia narra a entrada de Deus na vida do ser humano, assim como a entrada do ser humano na vida de Deus.

CRESCER NA ORAÇÃO

Momento de promover um diálogo profundo e íntimo com Deus, colocar-se, em silêncio, diante d'Ele para ouvir tudo o que tem a dizer. O modelo de oração que nos inspira é a atitude de Maria diante de Deus: "Faça-se em mim segundo a sua Palavra" (Lc 1,38). A oração nasce da experiência dos problemas e das alegrias reais da vida, levando-nos à comunhão e a um compromisso com Deus.

Sugerimos várias formas de oração: louvor, ação de graças, súplica, pedido de perdão, preces formuladas, cantos, recitação de salmos e versículos bíblicos, ou mesmo de forma espontânea, segundo aquilo que o Espírito Santo sugere a cada um. É necessário que a oração não seja apenas para pedidos individuais, pessoais, mas que se tenha em mente o aspecto comunitário.

CRESCER NO COMPROMISSO

É o momento das reflexões e orientações de como agir de acordo com o tema e o texto bíblico. Neste momento, em muitos casos, as ações propostas são articuladas para que os catequizandos as realizem com seus familiares, pois a catequese será eficaz e atingirá os seus objetivos se acontecer na vida familiar.

A família é e sempre será a primeira escola de fé, porque nela o testemunho dos pais e responsáveis expressa mais que qualquer outra palavra, gesto ou imagem. Não há melhor forma de catequizar do que as atitudes realizadas pelos pais, que são percebidas, entendidas e assimiladas com interesse, curiosidade e amor pelos filhos. A família, com seu testemunho vivo e diário de fé, é a fonte necessária para uma evangelização que vai formando pessoas novas para um mundo novo que exige posturas novas, visando sempre à concretização do Reino de Deus entre nós.

CELEBRAÇÕES DE ENTREGA E ENCONTROS CELEBRATIVOS

Nos manuais da *Coleção Crescer em Comunhão* apresentamos celebrações de entrega e encontros celebrativos.

Tanto as celebrações quanto os encontros celebrativos têm como objetivos aprofundar a mensagem apresentada no decorrer dos encontros e ser uma experiência de iniciação orante dos conteúdos. É um momento no qual catequista e catequizandos se unem a Cristo para louvar, suplicar e escutar a Palavra.

BLOCO 1

A PESSOA: CENTRO DA ATENÇÃO DE DEUS

1 Quem sou eu: Meu jeito de ser e de agir

2 Sou especial para Deus

3 Pecado: Conexão perdida

4 Reconectar-se com Deus

5 Encontro celebrativo
Jornada do perdão

A proposta deste bloco é ajudar os catequizandos a voltarem o olhar para si mesmos e compreenderem-se como centro da atenção amorosa de Deus. Tal compreensão ajudará os catequizandos a reconhecerem-se filhos e filhas de Deus chamados à vida plena. Embora reconheçamos o amor d'Ele por nós, é necessário assumir que nem sempre agimos de acordo com o projeto divino, por isso rompemos a harmonia proposta pelo Criador. Quando nossa liberdade nos leva para longe de Deus, apenas a experiência do encontro com seu amor misericordioso pode nos reconduzir à relação de harmonia pensada por Ele para toda a sua criação.

O bloco se encerra com uma jornada do perdão, um encontro celebrativo no qual propomos a experiência da confissão, preparada por um exame de consciência, para ajudar os catequizandos a reconhecerem-se e aceitarem fazer o caminho de volta para o Pai. Assim eles perceberão que todos necessitamos da misericórdia de Deus para que possamos viver nossa fé no dia a dia.

QUEM SOU EU: MEU JEITO DE SER E DE AGIR

1

Objetivo

Reconhecer valores, limitações pessoais e motivações que interferem no modo de sentir, pensar e agir.

LEITURA ORANTE

- Como passo importante para o preparo do seu encontro, faça um momento de leitura orante do texto: Mt 7,12-14.

- Propomos também que durante a semana, até o dia do encontro, realize a oração a seguir:

  Deus Pai Criador, olhai por mim em todos os momentos da minha vida, fazendo com que eu permaneça em intimidade contigo pela oração e assim seja capaz de me amar como sou, aceitando minhas limitações de criatura e caminhando rumo à perfeição. Amém.

FUNDAMENTAÇÃO PARA O CATEQUISTA

O filósofo Sócrates (século IV a.C.) proferiu a célebre frase: "Conhece-te a ti mesmo e conhecereis o universo e os deuses". Ele se referia aos deuses gregos, logicamente, mas sabemos que conhecer-se não é tarefa das mais fáceis, pois a viagem mais longa e difícil que fazemos é aquela para o nosso interior. Não queremos nos deparar com a realidade sobre nós e nossas vidas, com nossos erros, nossas frustrações e limitações. Isso dói, exige de nós a profunda análise de nossos sentimentos, de nossas ações e dos nossos desejos.

Embora difícil, essa análise é necessária, pois nos leva a descobrir a verdade sobre nós mesmos, e somente ela pode nos libertar de tudo o que nos escraviza. Conhecendo-nos podemos nos esforçar para romper com o que nos afasta de Deus e ordenar o nosso agir para a prática da caridade, cujos frutos são a alegria, a paz, a misericórdia. Santo Agostinho aponta a caridade (o amor) como a finalidade de todas as ações, afirmando que corremos para alcançá-la. Quando encontramos o amor maior, Deus, é n'Ele que repousamos (cf. CIgC, n. 1829). Não podemos esquecer que para os adolescentes este processo de autoconhecimento é ainda mais confuso, pois estão se descobrindo e são influenciáveis pelas opiniões externas.

Para os cristãos, a salvação está na verdade que nos é revelada por Jesus Caminho, Verdade e Vida (Jo 14,6). Ele vem a nós como humano e, ao habitar em nosso meio, torna-se nossa ponte de salvação. Ele nos dá a conhecer o Pai, um Pai amoroso e paciente que quer salvar a todos pelo conhecimento da verdade (cf. CIgC, n. 2822). Jesus Cristo cria uma medida para o amor: "Ame ao próximo como você ama a si mesmo" (cf. Lc 10,27). Logo, amar-se é parte fundamental do amor ao próximo, essencial para o amor a Deus (1Jo 4,21).

Reflexão bíblica do texto de Mateus 7,12-14: Este texto bíblico é chamado de "regra de ouro" ou "regra de ação", pois nele está a síntese da Sagrada Escritura. Em geral, as regras e leis são expressas de forma a coibir a ação – "não faça isso", "é proibido aquilo", "não mate" –, levando-nos a evitar praticar o mal. A expressão de Jesus, no entanto, vem na forma positiva: "Tudo o que desejais que os outros vos façam, fazei-o também vós a eles". Trata-se não somente de evitar o mal, e sim de praticar o bem, finalidade para a qual o ser humano e todas as coisas foram criadas.

A regra de ouro nos ajuda a discernir situações concretas ao nos colocar no lugar do outro, tendo como medida o amor-próprio: "Ame ao próximo como a ti mesmo". O texto é ainda mais profundo porque nos lembra de que Deus, a razão maior do amor, deve ser amado de todo coração, com toda a alma, com todas as forças e com toda a mente (Mt 22,37-39; Mc 12,30-31; Lc 10,27), ou seja, é preciso conhecê-lo. Em 1Jo 4,7, podemos ampliar a compreensão de todo esse amor: "Amemo-nos uns aos outros, porque o amor vem de Deus, e quem ama nasceu de Deus e conhece a Deus". O capítulo termina dizendo que recebemos de Deus a nova lei: "Quem ama a Deus, ame também o seu irmão" (1Jo 4,21).

A regra de ouro precede o aviso dado por Jesus sobre os dois caminhos: um fácil e largo, o outro estreito e difícil de ser trilhado. O Mestre nos lembra de que o cristão faz escolhas e toma decisões a todo instante, supera obstáculos e enfrenta tentações para estar em Deus.

Depois de ler a fundamentação, reflita um pouco. Para ajudá-lo, apresentamos algumas questões:

1. A prática da regra de ouro tem sido a orientadora de suas ações?
2. Como ajudar os catequizandos a se conhecerem para que suas ações sejam orientadas para a prática do bem?

O ENCONTRO

MATERIAIS

✓ Somente aqueles que você normalmente usa para proporcionar um ambiente agradável e celebrativo ao seu encontro.

PARA INICIAR O ENCONTRO

- Inicie o encontro acolhendo os catequizandos e introduza o tema comentando sobre a importância de conhecer quem somos para direcionar o nosso sentir, pensar e agir de acordo com a mensagem de Jesus.

CRESCER COM A PALAVRA

- É interessante para este encontro que a atividade 1, de completar as informações na ilustração do boneco, seja feita antes da reflexão do texto bíblico.
- O livro do catequizando traz o desenho de um boneco que vai ajudá-lo a analisar como estão seus sentimentos, sonhos e ações. Auxilie os catequizandos a completarem a atividade com os seguintes passos:
  - Instrua-os sobre o que deverão responder em cada espaço e lembre-os de que todas as respostas devem vir a partir de uma reflexão, sendo importante que expressem a verdade sobre eles.

- Acima do desenho, peça que escrevam o próprio nome, pois o boneco os representa.

- No balão ligado à cabeça: três ideias (convicções, certezas) que eles acham que nada ou ninguém no mundo pode persuadi-los a mudar.

- Nos balões ligados à boca: uma frase que disseram e se arrependeram, e uma frase que não disseram, mas que precisa ser dita.

- No coração: três sentimentos que têm sido constantes na vida deles nos últimos meses.

- Nas mãos: na esquerda, três coisas que têm necessidade de receber; na direita, três coisas que podem dar aos outros.

- No pódio, peça que escrevam três objetivos (sonhos) que querem alcançar na vida.

- Os desenhos dos pés representam os passos que precisam dar em direção a esses sonhos. Escreva em cada pegada um valor (virtude) no qual devem se firmar para atingirem seus objetivos.

✝ Após completarem o boneco, peça que leiam tudo o que escreveram novamente. Convide-os a partilhar as respostas, a procurar as coisas que são mais comuns ao grupo. Respeite, entretanto, os que não se sentirem à vontade para a partilha.

✝ Oriente-os para que, a partir do desenho, analisem como está o modo de pensar, sentir e agir deles.

✝ Após a análise das respostas pessoais de cada um, conduza a leitura do texto de Mt 7,12-14.

✝ Motive-os para permanecer em silêncio para tranquilizarem seus pensamentos e ações, respirando com tranquilidade.

✝ Encaminhe às reflexões no livro do catequizando, atividade 2.

✝ Peça que partilhem o que compreenderam a respeito do versículo 12.

✝ Converse com eles sobre esse versículo ser o mais simples e completo mandamento para o bem viver.

- ✝ Com base na reflexão bíblica, converse sobre a relação entre o maior mandamento e a regra de ouro, destacando a importância de buscar se conhecer para melhor amar a Deus e ao próximo.
- ✝ Na interpretação dos versículos 13 e 14, alerte-os de que viver essa regra pressupõe o enfrentamento diário de obstáculos e tentações.
- ✝ De acordo com o que foi refletido no texto bíblico, oriente-os para que retomem o desenho e analisem como está o modo de pensar, sentir e agir deles.

CRESCER NO COMPROMISSO

- Peça que, com sinceridade, os catequizandos analisem seus próprios comportamentos nos diversos âmbitos de relacionamento e escrevam as coisas positivas e negativas que notam neles. Convide-os, então, a escrever um compromisso para mudarem as ações que mais prejudicam a si mesmos e prejudicam os outros.

CRESCER NA ORAÇÃO

- Convide para que segurem seu livro aberto na página onde fizeram seu boneco pessoal, em sinal da oferta de suas próprias vidas a Deus. Peça que observem o boneco e, depois, façam a oração proposta.
- Sugere-se terminar a oração com o canto *A ti, meu Deus* (Frei Fabrete).
- Cantemos elevando a Deus nossa vida.

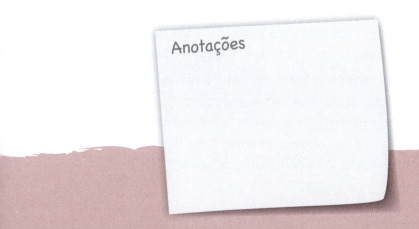

Anotações

2 SOU ESPECIAL PARA DEUS

Objetivo

Reconhecer que o projeto de amor do Pai, manifestado na criação da pessoa humana à sua imagem e semelhança, oferece vida plena a todos.

LEITURA ORANTE

- Como passo importante para o preparo do seu encontro, faça um momento de leitura orante do texto: Sl 139(138).

- Propomos também que durante a semana, até o dia do encontro, realize a oração:

    Senhor, eu agradeço a obra de tua criação. Do nada criaste tudo com imensa perfeição. Agradeço ao Senhor a minha vida, todos os seres viventes e a natureza. Louvado seja tudo o que criaste com tanto amor! Amém.

FUNDAMENTAÇÃO PARA O CATEQUISTA

Desejou Deus, livremente, criar o ser humano à sua imagem e semelhança e colocá-lo no centro de sua atenção. Por isso Ele não se cansa de atrair a humanidade para si, porque sabe que somente n'Ele estão a verdade e a felicidade (cf. CIgC, n. 27).

O que caracteriza e dignifica a pessoa humana são suas semelhanças com Deus: alma espiritual e imortal, inteligência, vontade e liberdade. Com essa dignidade divina, que Deus nos confere por sua graça, Ele nos deixa decidir buscar nosso Criador, aderir livremente a Ele e chegar à felicidade perfeita (cf. CIgC, n. 1730).

A pessoa humana é dotada de:

- **Inteligência**: Capacita-nos a compreender a ordem das coisas estabelecida pelo Criador.
- **Vontade**: Permite-nos buscar o bem, a verdade e o amor.
- **Personalidade**: Identifica-nos perante os outros e nos faz seres únicos, irrepetíveis.
- **Liberdade**: Dom de Deus libertado, que capacita a pessoa humana para fazer escolhas.

A pessoa humana criada por Deus é um ser consciente e livre em quatro dimensões:

- **Física**: Refere-se ao corpo por meio do qual nos expressamos e nos relacionamos com o mundo, onde se concentra a vida e nosso bem-estar físico. O corpo é o lugar das sensações, dos sentidos. Para seu bom funcionamento, é preciso cuidar da saúde.
- **Espiritual**: Dimensão que possibilita encontrar o sentido da vida na comunhão com Deus. Por meio dela, podemos conversar com Ele e senti-lo agindo em nossas vidas.
- **Cognitiva ou intelectiva**: Refere-se ao dom da inteligência, ao processo de aquisição do conhecimento que reúne o pensar, a percepção das coisas e do mundo. Envolve a capacidade de aprender, discernir e fazer escolhas.
- **Afetiva ou emocional**: Relacionada a emoções e sentimentos, à capacidade de o ser humano expressá-los em suas relações consigo mesmo, com o outro e com Deus.

O equilíbrio da vida humana nessas dimensões é o que garante a felicidade em Deus. O ser humano é constituído de relações complexas, mas são elas que o fazem centro da criação. O Concílio Vaticano II ensina que as ações humanas refletem a criatividade divina, que é seu modelo (cf. GS, n. 34), de modo que devem ser orientadas para a justiça e comunhão, para que as pessoas formem uma só família de irmãos e irmãs (cf. GS, n. 24).

Deus cria tudo por amor e para o amor, propondo que suas criaturas vivam em harmonia. Confia ao ser humano a tarefa de cuidar carinhosamente de toda a criação como um presente que recebeu.

Sendo o Criador uma comunidade, criou homem e mulher à sua imagem e semelhança (cf. Gn 1,27), formando assim a primeira comunidade humana.

Por sua natureza, o ser humano é um ser social que necessita estar em comunidade, compreender-se como pessoa, ser parte de um mundo criado. Inspirado na criatividade divina, o ser humano trabalha e desenvolve aprimorando a criação. Sendo assim, a resposta do ser humano a Deus deve ser norteada pela vivência do respeito e do amor ao mundo criado, praticando o bem e a justiça.

Nesta perspectiva, recebemos de Deus o dom da liberdade, compreendido como a capacidade de agir ou não de acordo com a razão e a vontade. Assim, "Pelo livre-arbítrio, cada qual dispõe sobre si mesmo. A liberdade é, no homem, uma força de crescimento e amadurecimento na verdade e na bondade. A liberdade alcança sua perfeição quando está ordenada para Deus, nossa bem-aventurança" (CIgC, n. 1731). Com a liberdade recebida do Criador podemos vislumbrar, pelo exemplo do próprio Deus, que ela pressupõe respeito. Deus respeita nossas escolhas, mesmo que não concorde com elas. Ser livre é saber respeitar. Fora do coração de Deus, a liberdade pode nos levar a pecar.

Reflexão bíblica do Salmo 139(138): Onisciência, onipresença, onipotência. Deus conhece tudo, Deus está em todo lugar, Deus pode tudo. Apontamos este salmo como um belo exemplo desses conceitos, embora ele vá além. Em sua oração, o salmista mostra também o carinho que Deus tem por sua melhor criatura, que é o ser humano. Deus conhece cada detalhe da vida do ser humano, porque ela procede da sua ação criadora. A pessoa que está em oração percebe que Deus a conhece melhor que ela mesma, e que não há lugar onde possa estar que Deus não esteja presente. Deus é Pai Criador, mas é também Pai Cuidador.

O tom poético do texto nos faz sentir acarinhados por esse Deus que não abandona sua criatura. Esse conhecimento e essa presença ultrapassam todo o entendimento humano, por isso a expressão do salmista no versículo 17: "Como são difíceis para mim teus pensamentos, e quão grande é a soma deles!". O salmo também mostra que

Deus não só cria, mas define a vida e os passos do ser humano. Pode-se notar, no entanto, a misericórdia divina quando, mesmo conhecendo e vendo o mau uso da liberdade humana, Deus não se afasta de sua criatura. O salmista termina sua súplica lembrando-se de que o mal está sempre à espreita, por isso pede ao Senhor que o oriente, que tome conta dele, que espie até mesmo seus pensamentos e sentimentos para que ele possa ser fiel à aliança de Deus.

Depois de ler a fundamentação, reflita um pouco. Para ajudá-lo, apresentamos algumas questões:

1. Criado à imagem e semelhança de Deus, respondo à missão de viver em harmonia comigo mesmo, com as outras pessoas e com a natureza criada por Deus?
2. Com os catequizandos e as pessoas do meu convívio, sou exemplo de ser humano criado para amar e cuidar do que Deus criou?

O ENCONTRO

MATERIAIS

- Folha sulfite e lápis para cada catequizando.

PARA INICIAR O ENCONTRO

- Inicie o encontro convidando-os para um momento de oração. Introduza o tema destacando que a criação da pessoa humana, à imagem e semelhança de Deus, faz parte do projeto de amor divino que oferece vida plena a todos.

CRESCER COM A PALAVRA

- ✝ Oriente-os a realizar a leitura do Salmo 139(138).
- ✝ Após a leitura, ajude-os a realizar as atividades 1 e 2.
- ✝ Motive os catequizandos a participarem das atividades, destacando que são uma proposta para ajudar a melhor compreender o tema do encontro.
- ✝ Distribua uma folha sulfite para cada catequizando. Peça que todos coloquem a mão no centro da folha e, com um lápis, a contornem.

- Oriente-os a observar a palma da mão, aquela que foi desenhada na folha, e prestarem atenção às linhas, marcas e digitais.

- Após a observação, peça que desenhem essas linhas e marcas no contorno que fizeram anteriormente, mas sem olhar para a mão. É preciso que tentem reproduzi-las o mais parecido possível com o que se lembram de ter observado.

- Quando todos terminarem, solicite que comparem o desenho que fizeram com a própria palma da mão e atribuam uma nota, de zero a dez, avaliando a quantidade e a qualidade de características que conseguiram registrar. Eles podem pedir que os colegas façam a avaliação.

- Depois dos resultados expostos e discutidos, comente que a mão é a parte do corpo mais fácil de ser observada. Ela pode ser vista por quase todos os ângulos, sem a ajuda de um espelho e sem causar desconforto ao corpo.

- Peça que tentem olhar os pés, o cotovelo, as orelhas. Alerte-os sobre o fato de que não observamos com frequência o que nos é mais acessível.

- Pergunte se lembram de ouvirem alguém dizer, ou se eles mesmos já disseram, que conhecia uma pessoa "tão bem quanto a palma da mão". Comente a dificuldade que tiveram para desenhar a própria palma da mão e relacione isso ao fato de que não nos é fácil conhecer as pessoas nem a nós mesmos. Destaque que com Deus não é assim, pois Ele nos diz: "Eis que eu te desenhei na palma da mão" (Is 49,16); Ele nos conhece profundamente.

- Comente que pelas mãos de Deus as nossas mãos foram dotadas de habilidades especiais. A ciência destaca os grandes diferenciais entre a espécie humana e outros animais, como o cérebro altamente desenvolvido e o polegar opositor nas mãos, o que permite ao ser humano manipular objetos.

- Convide-os a olhar para as próprias mãos e pensar quais são as habilidades que elas têm: empurrar, puxar, carregar, moldar, acariciar, bater, comunicar, transformar, construir. Pergunte como podem usar as mãos no projeto de Deus para a humanidade e incentive-os a registrar as ações escolhidas na atividade 2, em seus livros.

CRESCER NA ORAÇÃO

- Comente o texto do livro do catequizando, destacando que as mãos também ajudam na oração e mudam de posição conforme a modalidade: elevam-se no louvor, estendem-se para pedir e oferecer, unem-se no clamor, encontram-se na oração comunitária.
- Oriente para que coloquem suas mãos na posição que desejarem para dirigirem-se ao Senhor.
- Lembre-os de que o salmista fala com delicadeza do carinho de Deus pelo ser humano e pelas obras que criou. Convide-os a rezar a oração que está no livro do catequizando.
- Conclua com a oração do Pai-nosso.

CRESCER NO COMPROMISSO

- Oriente o compromisso para a semana motivando-os a realizar a proposta que está no livro do catequizando.

Anotações

3 PECADO: CONEXÃO PERDIDA

> **Objetivo**
> Compreender que o ser humano, usando de sua liberdade, nem sempre decide seguir o projeto de amor de Deus.

LEITURA ORANTE

- Como passo importante para o preparo do seu encontro, faça um momento de leitura orante do texto: Gn 4,1-16.

- Propomos também que durante a semana, até o dia do encontro, realize a oração:
Tem piedade de mim, Senhor, pois sou pecador. Voltai para mim seu olhar misericordioso e fazei-me firme no propósito de não mais pecar.

FUNDAMENTAÇÃO PARA O CATEQUISTA

A imagem de Deus está presente em cada ser humano que habitou e habita a Terra, e, por ser comunidade (Trindade), Deus quer suas criaturas unidas entre si. Dotado de liberdade, o ser humano se torna responsável por suas ações e se vê desafiado a encarar as consequências de seus atos. Embora desfrute da presença e do amor de Deus, ele é instigado a fazer mau uso de sua liberdade e escolher o mal. Essa escolha o afasta do convívio divino, bem como prejudica o convívio com os demais.

Sobre a origem do pecado, encontramos na Bíblia a narrativa de que Adão e Eva quiseram ser como deuses e não depender de seu Criador. O ato da desobediência nos dá a impressão de uma afronta a Deus, uma desconfiança de que a proibição dada por Ele era uma tentativa de esconder privilégios, e não de proteger a humanidade. A ruptura com Deus é o pecado, e por ele acontece também a ruptura entre a humanidade. A passagem de Caim e Abel apresenta a violência e a devastação provocada pelo pecado, evidenciando a escravidão que ele traz.

O mundo está em constante transformação, e o advento da cultura digital trouxe-nos a constatação da velocidade com que as informações e os juízos de valores circulam pelo mundo. Isso causa confusão em nossa consciência a respeito do bem e do mal, de modo que por vezes ficamos sem entender o que é pecado – há até quem afirme que ele não exista. Pecado é uma ofensa a Deus e à sua criação através de um ato deliberado, ou seja, com consciência (saber que se está cometendo um pecado), liberdade (não ter sido forçado a cometê-lo) e vontade (desejar fazê-lo). Pecado é falta de amor a Deus e ao próximo; traição contra nós mesmos e contra os outros; desprezo por Deus e desobediência a Ele por achar-se autossuficiente para determinar o que é bom e o que é mau; é fuga do compromisso cristão.

Pecado é um ato individual e consciente de negação a Deus, entretanto pecados individuais podem se tornar sociais. Isso acontece quando as pessoas se concentram apenas em seu bem-estar, sem se preocuparem com a vida e com as necessidades do próximo, que é seu irmão, tornando-se indiferentes ao sofrimento alheio.

Inconformado com a recusa do ser humano de viver seu projeto de amor, Deus não se cansa de ir ao seu encontro e tentar libertá-lo das amarras do pecado. Aproxima-se, escolhe um povo, prepara-o através dos profetas e, por fim, vem ao encontro de sua criação em seu Filho Jesus Cristo. Ele viveu em tudo a condição humana, menos no pecado, e entregou sua vida como um ato de amor incondicional para que nossa liberdade voltasse a se orientar para o Reino dos Céus.

Reflexão bíblica de Gênesis 4,1-16: Catequista, você deve esclarecer o simbolismo de alguns termos e reforçar que o texto não é uma narração de fatos, mas uma instrução de vida. Ele vem na sequência da narrativa do pecado de Adão e Eva, representantes de todos os viventes, que tem na sua origem o desejo deles de serem superiores a Deus. O ato de Caim nos mostra a disseminação do pecado, que agora se estende ao próximo. A violência entre os seres humanos é consequência da revolta contra Deus.

A narrativa nos faz perceber a existência de povos e culturas diferentes. Caim, que quer dizer "ferreiro", é agricultor; Abel, que significa "vento passageiro", é pastor de animais. Agricultores viviam em melhores condições do que os pastores, que enfrentavam mais dificuldades para sobreviver. Deus olha mais para Abel, porque ele precisa de maiores cuidados. Apesar de ter menos, Abel oferta mais e dá o melhor. Caim não se importa com a condição do outro. Quer os privilégios aos quais acredita ter direito.

Deus não é indiferente a Caim, pois percebe a amargura em seu interior; percebe o que o faz andar de cabeça baixa, se escondendo. Deus o convida a uma escolha: dominar o pecado e viver no bem, de cabeça erguida, com dignidade.

Um pecado leva a outro. A raiva e a inveja que Caim sentia de seu irmão Abel levam-no a matá-lo com violência e mentir para Deus. Seus atos geram ainda mais violência quando Caim passa a ser perseguido pelos vingadores do sangue do irmão. Pelas leis da época, a pessoa morta poderia ser vingada por um parente ou por um vingador de sangue contratado para fazer justiça. Caim sabe que será perseguido até a morte, porém as consequências dos seus atos não acarretam apenas a vingança. Caim também será amaldiçoado, as palavras divinas são duras e cruéis.

No entanto, quando Deus fala em maldição, está se referindo às consequências do pecado; afinal, quem pode confiar em alguém que matou o próprio irmão? Caim será renegado pelo próprio povo e sempre apontado como criminoso. Mesmo cultivando o solo, dele não virá o sustento porque as pessoas não desejarão negociar com um assassino.

Deus marca Caim, que aqui representa todos os pecadores, para que não seja alvo de vingança. Deus não aceita que a violência da morte seja usada nem mesmo contra o pecador violento, porém Ele fala em vingança logo no versículo seguinte: "Quem matar Caim será vingado sete vezes".

Jesus, quando nos ensina a rezar, explica que Deus nos perdoa tanto quanto nós devemos perdoar aos que nos ofendem. Quem não perdoa não compreende a dimensão de ser perdoado. Sete representa a perfeição, o infinito. Jesus diz que devemos perdoar setenta vezes sete (Mt 18,22). Quem não perdoar o pecador carregará infinitamente o rancor e a amargura.

O texto termina dizendo que Caim afastou-se da presença do Senhor, afastou-se da presença de seu povo e fugiu. Isso pode representar também que Caim se tornou escravo do pecado e da culpa, assim como ficam os que se afastam dos preceitos de Deus.

Depois de ler a fundamentação, reflita um pouco, a partir da seguinte questão:

1. Se reconhecemos nossa origem divina, somos responsáveis pelas escolhas que fazemos e nos comprometemos com o projeto de Deus, por que nem sempre agimos assim?

O ENCONTRO

MATERIAIS

✓ Três folhas sulfite divididas ao meio no sentido horizontal formando quatro tiras de tamanhos iguais.

✓ Escreva as palavras DEUS, JESUS e ESPÍRITO SANTO no sentido vertical, uma palavra em cada tira.

✓ Nas outras, escreva as palavras MUNDO e COMUNIDADE no sentido horizontal.

✓ Com a tira que sobrar, faça um quadrado de 10,5 cm e escreva nele a palavra EU, de modo que ela se encaixe exatamente em cima das letras EU da palavra DEUS.

Exemplo:

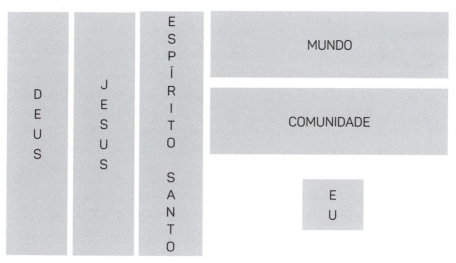

PARA INICIAR O ENCONTRO

- Acolha os catequizandos e comente que nem sempre nossas escolhas estão de acordo com o projeto de amor de Deus para as nossas vidas.

CRESCER COM A PALAVRA

- Prepare seu grupo para a leitura da Palavra convidando-o a silenciar e pedir que o Espírito Santo o ajude a compreender os projetos de Deus.

- Leia o texto do encontro: Gn 4,1-16.

- Convide os catequizandos a expressarem o que mais lhes chamou atenção no texto e o que mais lhes pareceu estranho ou complicado de entender.

- Divida-os em grupos pequenos e peça que listem os pecados e as consequências deles, que aparecem no texto, para partilhar com o grupo todo.

- Explique que os textos que apresentam narrativas da criação são carregados de simbolismos, de modo que trazem consigo a história e os costumes dos povos que os escreveram. Mencione que esses textos não têm o objetivo de explicar como os fatos aconteceram, e sim ajudar a compreender o que é próprio dos seres humanos e como Deus, em seu infinito amor, se revela a nós.

- A partir das dúvidas dos catequizandos, faça as intervenções necessárias com base na fundamentação bíblica deste capítulo.

- Ajude-os, a partir do livro do catequizando, a compreender e identificar quando as ações deles são atos que os desligam de Deus.

- Sobre uma mesa ou no chão, com os catequizandos em volta, realize a dinâmica das tiras. Pode ir falando e fazendo as ações ou ir passando as orientações para que eles cheguem ao resultado, que é a composição de uma cruz, símbolo da remissão dos pecados feita por Jesus Cristo.

    1. Sabemos que Deus é uno e trino, comunhão do Pai, do Filho e do Espírito Santo (coloque as três faixas que representam a Trindade: PAI no centro, FILHO à direita e ESPÍRITO SANTO à esquerda).

2. Em seu infinito amor, Deus desejou criar o mundo e tudo o que nele existe (coloque a faixa com a palavra MUNDO abaixo da palavra ESPÍRITO SANTO).

3. Numa ação de puro amor, por sua livre vontade, Deus criou o homem à sua imagem e semelhança, direto de seu coração, por amor, com amor e para o amor (descole a palavra EU de DEUS e coloque-a ao lado da palavra MUNDO, abaixo da palavra DEUS).

4. Deus criou homem e mulher, mostrando o desejo de que todos vivessem em comunidade, como irmãos, amando-se uns aos outros (coloque a palavra COMUNIDADE ao lado da palavra EU).

5. Por ser dotado de consciência, vontade e liberdade, o ser humano (EU) escolhe o mal e desconecta-se de seu Criador (desloque a palavra EU para baixo, bem distante de DEUS).

6. Quando se desliga de Deus, a humanidade sofre e se desconecta também dos irmãos (desloque a palavra COMUNIDADE para baixo), e o mundo também sofre por causa das más escolhas dos seres humanos (desloque a palavra MUNDO para baixo).

7. Deus se compadece do sofrimento humano e envia Jesus para viver entre nós e nos resgatar do pecado. Jesus nos mostra o Pai e um jeito novo de viver (leve a palavra JESUS para perto da palavra EU).

8. Jesus vive a condição humana em tudo, menos no pecado. Por sua morte na cruz, Ele nos redime do pecado e reconecta a humanidade ao Criador (use a palavra JESUS para empurrar a palavra EU até próximo de DEUS novamente).

9. Livre do pecado, o ser humano edifica a comunidade e cuida melhor de toda a criação divina (recoloque as palavras COMUNIDADE e MUNDO ao lado da palavra EU).

10. Jesus, conhecendo nossa limitação e fragilidade, nos envia o Espírito Santo para orientar e santificar nossa caminhada rumo ao Reino de Deus (coloque a palavra ESPÍRITO SANTO abaixo da palavra JESUS).

11. A cruz de Cristo nos salva da escravidão do pecado e nos reconecta com o amor de nosso Criador. Convide-os a rezar:
Glória ao Pai, ao Filho e ao Espírito Santo, como era no princípio, agora e sempre. Amém.

CRESCER NA ORAÇÃO

- Oriente os catequizandos para que desenhem no livro a cruz formada na dinâmica.

- Motive-os para, com as palavras usadas na dinâmica, elaborarem uma oração pedindo que a liberdade de cada um seja orientada para Deus. Coloque uma música ambiente enquanto eles escrevem a oração.

- Convide-os a partilhar a oração elaborada e conclua o momento com uma Ave-Maria, para recordar nosso modelo de pessoa livre que sempre viveu segundo a vontade de Deus.

CRESCER NO COMPROMISSO

- Motive-os, a partir do texto do livro do catequizando, para o compromisso da semana.

RECONECTAR-SE COM DEUS

4

> *Objetivo*
>
> Reconhecer que somente quando se está envolvido pelo amor misericordioso de Deus é possível estar em harmonia com o mundo, com as pessoas e consigo mesmo.

LEITURA ORANTE

- Como passo importante para o preparo do seu encontro, faça um momento de leitura orante do texto: Lc 15,11-32.

- Propomos também que durante a semana, até o dia do encontro, realize a oração:

Tem piedade de mim, ó Deus. Segundo a tua misericórdia, segundo a tua grande clemência, apaga as minhas transgressões!
Lava-me inteiro da minha culpa e purifica-me do meu pecado!
Pois reconheço minhas transgressões e tenho sempre presente o meu pecado.
Pequei contra ti, contra ti somente, e pratiquei o mal aos teus olhos. Assim serás considerado justo em tua sentença, incontestável em teu julgamento.
Eis que nasci culpado, e pecador minha mãe já me concebeu!
Tu queres sinceridade interior e no íntimo me ensinas a sabedoria.
Purifica-me com hissope* e ficarei limpo!
Lava-me e ficarei mais branco do que a neve!
Faze-me ouvir o júbilo e a alegria para que exultem os ossos que trituraste. Esconde o teu rosto dos meus pecados e apaga todas as minhas culpas!
Ó Deus, cria em mim um coração puro e renova-me por dentro com um espírito decidido. Amém.

(*) *Espécie de planta conhecida como manjerona ou manjericão da folha larga. Bastante aromática, era utilizada em rituais de purificação diversos com suas folhas amarradas em molhos para aspergir.*

FUNDAMENTAÇÃO PARA O CATEQUISTA

A misericórdia é um dos valores mais importantes do Reino. Jesus é quem proclama esse valor através de seus gestos e de suas palavras. O perdão provoca nas pessoas uma transformação radical no relacionamento com Deus e com os irmãos. "Jesus Cristo é o rosto da misericórdia do Pai" (MV, n. 1), portanto, é por misericórdia que Ele nos revela os mistérios de Deus, que vem ao nosso encontro para dizer que nos ama, apesar de nossos pecados.

Em sua origem latina, a palavra "misericórdia" é uma junção de *miserere* ("ter compaixão") e *cordis* ("coração"). Podemos simplificar assim: "ter compaixão com o coração". Misericórdia é um sentimento que nasce de uma situação de miséria de alguém. Pessoas misericordiosas são capazes de sentir o que o outro sente, compreendendo suas falhas e limitações. Ninguém pode ser mais misericordioso que Deus, que sabe tudo o que nosso coração sente e conhece nossas misérias. Ele vai além da compaixão para conosco e nos oferece piedade, ternura, paciência, tolerância, compreensão.

A misericórdia divina ultrapassa os limites da justiça, pois precisa estar acima de regras e leis; e Jesus nos mostrou isso diversas vezes, quando se aproximava dos pecadores, olhava-os profundamente e os compreendia. Ele também convocava o pecador à conversão, mostrando que é preciso se arrepender e reparar o mal realizado. A conversão traz simultaneamente o perdão de Deus e a reconciliação com os irmãos. Sobre isso, Jesus recomenda: "Perdoai as nossas dívidas, assim como nós perdoamos aos nossos devedores" (Lc 11,4), por isso é necessário que o perdão seja ofertado, pois também nós o recebemos de Deus.

O pecado coloca a pessoa sempre na condição de devedora para com Deus, para com os outros, para consigo mesma. O pecado fere a vida, e sempre que isso acontece é preciso que seja reparado. Para voltarmos ao convívio de Deus, é necessário primeiro expulsar os maus pensamentos, as intenções e vontades que levam ao individualismo. Há alguns passos que nos levam a essa reconciliação pela vivência do sacramento da Reconciliação.

A Igreja recomenda, para isso, uma preparação cuidadosa: olhar para o mais íntimo de nós mesmos – <u>exame de consciência</u> – e descobrir o que desconecta nossa amizade com Deus e com os irmãos. A seguir, <u>arrepender-se</u> deste rompimento e firmar um <u>propósito</u> pessoal de não repetir os atos e as atitudes que nos desligam de Deus, do próximo, da comunidade eclesial e de toda a natureza criada. Assim procedendo, pela <u>confissão</u> declaramos ao sacerdote, que representa Deus e a comunidade, nossa condição de pecadores. O sacerdote orienta à reparação dos erros cometidos – <u>penitência</u> –, a fim de restaurar os danos causados pelos pecados.

Assim, com o sacramento da Reconciliação somos chamados a continuar nosso processo permanente de conversão, de busca de qualidade de vida espiritual, eclesial e social. Da nossa parte, só nos resta dizer ao melhor Pai do mundo: "Pequei, Senhor, misericórdia!".

Reflexão bíblica de Lucas 15,11-32: Conhecida como a parábola do Filho Pródigo, essa analogia tem como protagonista o pai rico em misericórdia. É uma das mais significativas parábolas contadas por Jesus, pois nos revela como Deus age repleto de ternura com o pecador que sofre e se arrepende.

Geralmente pensamos que o filho mais novo é pródigo por voltar para o convívio do pai, porém, na verdade, ele apresenta o vício da prodigalidade ou compulsão por dar desmedidamente as coisas que possui. À semelhança do filho pródigo, nós também recebemos de Deus uma quantidade imensa de bens e talentos que nos tornam aptos a viver no amor, mas abrimos mão deles em prol de coisas sem importância.

O mundo atual nos torna "pródigos consumistas" – queremos tudo, queremos aparecer em tudo, queremos satisfação a qualquer preço, e, a cada conquista imediatista, jogamos fora o que lutamos tanto para conseguir. Esse filho mais jovem da parábola igualmente é assim; ele quer ser amado, reconhecido e notado pelos bens que pensa possuir, por isso gasta o dinheiro comprando prazer, comprando amigos, comprando coisas, sem nunca experimentar o sabor da conquista.

Quando o filho mais jovem pede a "parte da herança que lhe cabe", está quebrando as tradições de seu tempo. Ele tinha direito a um terço dos bens, mas só podia dispor deles após a morte do pai – parece até dizer implicitamente que quer a morte do pai. No seu gesto está a total negação à casa paterna, à sua origem. Uma vez que fomos feitos para Deus e para o bem, pecar é a completa negação de Deus.

Perto do ter, e não do sentido da vida, logo esse jovem se descobre sem nada e começa a passar privações. Descobre que perdeu a dignidade de filho. Para que sintamos forte essa condição, o evangelista o coloca no lugar mais impuro de sua época: junto aos porcos, junto aos restos, junto ao lixo.

Arrependido e jogado na solidão, ele decide voltar. Pecador arrependido, mas envergonhado, diz: "Não sou digno de ser chamado de filho, mas desejo estar perto de meu pai". O pai, por sua vez, não foi infiel à paternidade; ainda ama incondicionalmente o filho. O pai esperava o filho, pois o avistou de longe e o reconheceu. O pai corre ao seu encontro, como corre a misericórdia ao encontro do pecador, abraça-o, beija-o e manifesta plena alegria com a volta de seu filho.

São João Paulo II, na sua carta encíclica *Dives in Misericordia*, diz que o amor misericordioso manifestado na parábola "é capaz de debruçar-se sobre todos os filhos pródigos, sobre qualquer miséria humana e, especialmente, sobre toda miséria moral, sobre o pecado. Quando isso acontece, aquele que é objeto da misericórdia não se sente humilhado, mas como que reencontrado e revalorizado" (DM, n. 6). Vemos isso na ação do pai ao restituir a dignidade do filho e festejar sua volta: roupa nova, sandálias, anel e festa. A parábola mostra outro filho pecador, o mais velho, que peca por não ser generoso. Faz o que agrada o pai para obter recompensa, e cobra quando não a recebe como deseja. Nele podemos vislumbrar a dureza de nossos corações, que nos leva muitas vezes a julgar e condenar os pecados alheios sem olhar os nossos.

Deus é misericórdia, é perdão, é compaixão, e espera de braços abertos a nossa volta.

Depois de ler a fundamentação, reflita um pouco. Para ajudá-lo, apresentamos algumas questões:

1. O que efetivamente você tem feito para se reconectar com Deus e com os irmãos?
2. Com quem mais me identifico na parábola: com o filho mais novo, com o filho mais velho ou com o pai misericordioso?

O ENCONTRO

MATERIAIS

- ✓ Um rolo de papel higiênico.
- ✓ Um pedaço de carvão, desses que usamos para churrasco.
- ✓ Um pedaço de barbante, de aproximadamente 50 cm, para cada catequizando.

PARA INICIAR O ENCONTRO

- Inicie o encontro relembrando que quando nossas escolhas nos afastam do amor de Deus, perdemos a harmonia com Ele e com os irmãos. Introduza o tema do encontro destacando que é somente a misericórdia divina que pode nos reconectar com Deus, com os irmãos e com a criação.

CRESCER COM A PALAVRA

- Prepare os catequizandos para a leitura e a meditação da parábola. Acalme-os e peça que silenciem interiormente para que o Espírito Santo os conduza na compreensão dos ensinamentos de Deus.
- Cante um refrão orante.
- Oriente-os a ler o texto de Lc 15,11-32.
- Converse com eles sobre o que entenderam da parábola e peça que exponham suas impressões a respeito dela.
- Questione quantos deles já se sentiram representados nos personagens da passagem.

- ✝ Oriente-os na realização da atividade 1.

- ✝ Convide-os a participar da dinâmica e oriente-os a formar duas fileiras com as cadeiras, uma de frente para a outra, deixando um espaço de aproximadamente 1,5 m entre elas.

- ✝ Dê o rolo de papel higiênico ao catequizando mais próximo de você. Peça que ele segure a ponta do papel e passe o rolo para seu colega da frente sem que o papel rasgue. Antes de passar, porém, ele deverá dizer em voz alta um sonho que tem ou algo que deseja muito.

- ✝ Faça o rolo de papel passar por todos, sempre lembrando que não devem rasgá-lo.

- ✝ Quando todos tiverem apanhado o rolo de papel e partilhado seus sonhos, pergunte se "fariam de tudo" para realizá-lo. Questione-os se, no esforço por realizar seu sonho, existe a possibilidade de eles agirem de forma indevida.

- ✝ Espere que estejam distraídos com suas respostas e passe rapidamente entre as duas filas de cadeiras, rasgando todo o papel higiênico.

- ✝ Peça que tentem explicar o que aconteceu e que façam uma analogia com a história do filho pródigo. Ajude-os argumentando que o rolo de papel higiênico é grande (30 m), como o sonho do filho mais novo, como os nossos sonhos, mas é também extremamente frágil, assim como nossas atitudes e os nossos propósitos de não pecar. Quando se trata de pecado, estamos sempre sob a ameaça de nos deixar influenciar por ações que nos desconectam de Deus. Por isso são necessários o esforço que fazemos, o exame de consciência diário que realizamos, a oração que nos fortalece e a coragem de reconhecer quando erramos, para assumir as consequências de nossos erros.

- ✝ Termine a dinâmica pedindo que passem o pedaço de carvão de mão em mão o mais rápido que puderem, da mesma maneira que passaram o rolo de papel, até que o carvão volte a você, catequista.

- ✝ Peça que observem as mãos depois da passagem do carvão. Comente o fato de que, embora leve, o carvão pode gerar um fogo destruidor. Assim é o pecado, que sempre vai deixar uma marca por onde passar. Embora às vezes pequeno e leve, como o carvão, o pecado deixa sinais de sua presença. Explique também que pequenos pecados podem se tornar grandes gestos de ofensa e desvio de caráter.
- ✝ Oriente-os a realizar a atividade 2, a partir da dinâmica do papel higiênico e do carvão.
- ✝ Convide-os a ler o livro e auxilie-os na realização da atividade 3.

CRESCER NO COMPROMISSO

- Entregue para cada catequizando um pedaço de barbante.
- Oriente-os na realização do compromisso da semana, conforme descrito no livro do catequizando.

CRESCER NA ORAÇÃO

- Explique que a oração deste encontro é uma parte do Salmo (50)51 e narra a admissão da culpa e o pedido de perdão feito a Deus misericordioso. A pessoa consciente de seus erros quer o justo julgamento de Deus e suplica piedade. Em seu arrependimento está o reconhecimento de que apenas Deus é o Senhor.

5 JORNADA DO PERDÃO

Encontro celebrativo

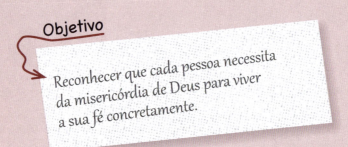

Objetivo: Reconhecer que cada pessoa necessita da misericórdia de Deus para viver a sua fé concretamente.

LEITURA ORANTE

- Como passo importante para o preparo do seu encontro, faça um momento de leitura orante do texto: Lc 15,1-10.

FUNDAMENTAÇÃO PARA O CATEQUISTA

O capítulo 15 do Evangelho de Lucas é dedicado ao tema da misericórdia. São três parábolas para mostrar ao leitor que a alegria da conversão do pecado é intensa, chegando a parecer desproporcional ao valor do que se perde. Porém, para Deus, importa o arrependimento e a capacidade de voltar para o convívio com Ele.

Embora o texto bíblico proposto seja todo o capítulo 15, sugerimos um recorte assim disposto: para a proclamação da Palavra, os versículos 1 a 10; para a jornada do perdão, os versículos 11 a 32 (texto já refletido no encontro 9). A escolha se justifica pelo fato de que "na Sagrada Escritura (...) a misericórdia é a palavra-chave para indicar o agir de Deus para conosco. Ele não se limita a afirmar o seu amor, mas torna-o visível e palpável" (MV, n. 9).

Ao propor o tema do perdão para este encontro celebrativo, queremos meditar sobre a misericórdia divina que se expressa nas parábolas pela preocupação, busca e alegria do reencontro, lembrando que a conversão "é fruto não do sujeito que se converte, mas do agir divino que procura quem anda perdido" (CONSELHO PONTIFÍCIO PARA A PROMOÇÃO DA NOVA EVANGELIZAÇÃO, 2015-2016, p. 36).

Convidamos você e seu grupo de catequese para refletir sobre a misericórdia. O objetivo é experimentar o amor do Pai que nos mostra que "a misericórdia não é contrária à justiça, mas exprime o comportamento de Deus para com o pecador, oferecendo-lhe uma nova possibilidade de se arrepender, converter e acreditar" (MV, n. 21).

MATERIAIS

- Além dos recursos usados na ambientação, ofereça um pequeno papel para anotações e um lápis que será usado na "Parada dos porcos". É interessante também envolver a comunidade pedindo auxílio para a equipe de cantos e liturgia.
- Providencie o exame de consciência, que está nas páginas 49 e 50, para cada catequizando.

AMBIENTAÇÃO

Na celebração faremos memória da parábola do Pai Misericordioso Trace um caminho a ser percorrido pelos catequizandos lembrando a jornada que o filho mais novo fez prevendo cinco ambientes diferentes:

1. **Saindo de casa – Somos pecadores:** Sobre um tecido colorido coloque elementos que lembrem o lar (porta-retratos com fotos de família, almofada, entre outros) e uma mochila ou mala.

2. **Parada dos porcos:** Pode até ser a sala de catequese, já que será o momento do exame de consciência. O espaço deverá ser marcado por coisas sujas: panos sujos, restos de lixo, roupas rasgadas...

3. **Parada do arrependimento:** Pode ser a capela, a igreja ou um espaço que propicie oração. Nesse ambiente também será feita a meditação da palavra.

4. **Parada da purificação:** Disponha duas bacias e jarros com água para que lavem as mãos, com toalhas para que possam secá-las. Alguém deve ajudar despejando a água nas mãos (por questões sanitárias, não é recomendável que mergulhem as mãos na mesma água).

5. **Chegada – A festa:** Prepare uma mesa festiva com flores, algo para comer e suco para beber na partilha, no final da celebração.

ACOLHIDA

Canto: Sugere-se *O viajante* (Padre Zezinho).

Animador: Queridos catequizandos, que bom que vocês estão aqui para esta jornada. Com a ajuda do Senhor, vamos até o nosso interior para que possamos nos descobrir melhor e ficar mais próximos do sonho que Deus sonhou para nós. Iniciemos nossa celebração invocando a Santíssima Trindade.

Todos: Em nome do Pai e do Filho e do Espírito Santo. Amém.

Animador: Vamos pedir ao Espírito Santo que nos conduza e ilumine nesta celebração.

Canto: Sugere-se um canto sobre o Espírito Santo à sua escolha ou a oração do Espírito Santo.

PROCLAMAÇÃO DA PALAVRA

Animador: Vamos ouvir o que o Jesus nos diz em sua Palavra sobre a alegria que o Pai, rico em misericórdia, sente quando nos encontra depois que nos perdemos do seu convívio de amor.

Canto: Aclamação.

Leitor: Vamos ouvir o Evangelho de Jesus Cristo segundo Lucas 15,1-10.

Dirigente: Breve reflexão sobre a Palavra.

Catequista, explique que a celebração acontecerá em diversos ambientes, conforme orientação do dirigente. O texto proposto como fundamento para a continuidade do momento é o de Lc 15,11- 32.

Convide para irem até a próxima parada.

Canto: *Abraço de Pai* (Adriana Aryades).

1. Saindo de casa – Somos pecadores

Dirigente: Nós somos muito parecidos com o filho pródigo. Estamos em casa cercados de cuidados, mas somos tentados a nos aventurar pelo mundo, a ceder a alguns caprichos e a fazer coisas que acabam com nossa paz. Por mais que nos orientem, clamamos por liberdade.

Animador: Reflita sobre quantas vezes você pensou que tem o direito de ser livre para fazer o que quiser com seu tempo, com seu corpo, com seu dinheiro, e que tudo o que lhe dizem só atrapalha seus sonhos. Pense no quanto você desejou comprar, curtir, passear, andar como e com quem quisesse. Lembre-se de quantas vezes quis pegar sua mochila e sair pelo mundo.

Dirigente: Desejar realizar sonhos não é errado, mas realizá-los virando as costas para os valores de Deus, sim. Vamos caminhar lentamente até nossa primeira parada refletindo sobre quantas vezes nos demos mal agindo por nossa vontade sem ouvir as pessoas que mais nos amam.

Canto: Cantar a segunda estrofe do canto de entrada enquanto eles caminham.

2. Parada dos porcos

Animador: O filho pródigo gastou sua herança numa vida desenfreada, sem regras, e, quando não tinha mais nada, só conseguiu emprego como tratador de porcos. Era um serviço indigno naquele tempo, pois os judeus consideravam os porcos como animais impuros, símbolos de tudo o que era ruim.

Dirigente: O coração daquele jovem estava impuro como os porcos. Vamos olhar para o nosso coração e ver em quais condições ele está. Para nos ajudar na reflexão, pegue o roteiro que o catequista irá lhe entregar, marcando com o lápis os itens que representam seus pecados.

Exame de consciência

Neste momento, entregue aos catequizandos o texto *Exame de consciência*, que está no final deste encontro celebrativo.

Canto: Cantar enquanto os catequizandos se deslocam até a próxima parada.

3. Parada do arrependimento

Animador: Para sermos merecedores do perdão de Deus, precisamos nos arrepender de coração das atitudes que tivemos e que desagradaram profundamente a Deus. É preciso compromisso para não voltar a pecar.

Dirigente: Apresente a Deus os seus pecados representados no papel que você tem nas mãos e faça a oração.

Todos: *Senhor, aqui estou com minhas limitações e pecados que tantas vezes me afastam de ti. Confio em tua misericórdia e no teu perdão. Peço que me oriente em teus caminhos, para que eu não me afaste deles nunca mais.*

Dirigente: Agora, enquanto rezamos o ato de contrição, cada um rasgue o papel e coloque-o no lixo.

Todos (Cantar ou rezar)**:** *Confesso a Deus Todo-Poderoso e a vós, irmãos e irmãs, que pequei muitas vezes, por pensamentos e palavras, atos e omissões, por minha culpa, minha tão grande culpa, e peço à virgem Maria, aos anjos e santos e a vós, irmãos e irmãs, que rogueis por mim a Deus, Nosso Senhor.*

4. Parada da purificação

Animador: Na parábola do Pai Misericordioso, refletida no encontro 9, vimos que, depois do abraço, o pai restitui a dignidade do filho: roupas novas, sandálias e anel. Tornou-o limpo e apresentável. Quando estamos arrependidos de nossas faltas, acabamos por nos tornar pessoas limpas, puras de qualquer mancha do pecado. Vamos expressar nossa pureza de coração lavando nossas mãos na água.

Dê tempo necessário para que todos façam sua purificação (música ambiente).

Dirigente: Peçamos à virgem Maria, concebida sem pecado, a graça da pureza e da humildade rezando:

Todos: *"Ó Maria, concebida sem pecado, rogai por nós que recorremos a vós".*

Repetir a oração três vezes.

Canto: *Abraço de Pai* (Adriana Arydes).

5. Chegada – A festa

Sugere-se que o catequista esteja à porta recebendo os catequizandos com um abraço.

Animador: Perdoados e purificados pelo amor imensurável do Pai, seguindo os ensinamentos de Jesus e confiantes na força do Espírito Santo, peçamos à Trindade que saibamos perdoar a todos os que nos ofenderam para que, livres da culpa, estejamos também livres do ressentimento.

Todos: *Pai nosso, que estais no céu...*

Canto final: Sugere-se *Tudo é do Pai* (Fred Pacheco).

Texto para ser distribuído aos catequizandos para o exame de consciência.

Exame de consciência

- [ ] Amo a Deus e faço sempre a sua vontade?
- [ ] Respeito seu nome?
- [ ] Venho à missa todos os domingos celebrar com minha comunidade?
- [ ] Falo com Deus diariamente através da oração?
- [ ] Honro meus pais?
- [ ] Trato meus familiares como eu gostaria que eles me tratassem?
- [ ] Matei alguém?
- [ ] Matei a esperança de alguém?
- [ ] Matei alguém no meu coração, por essa pessoa não pensar como eu?
- [ ] Respeito meu corpo como templo do Espírito Santo?

- [ ] Eu controlo meu corpo ou ele é que controla a minha mente?
- [ ] Sou fiel em meus relacionamentos?
- [ ] Roubei alguma coisa?
- [ ] Emprestei e não devolvi?
- [ ] Roubei tempo de alguém?
- [ ] Tenho dito mentiras?
- [ ] Tenho repetido fofocas?
- [ ] Minha boca tem proferido palavras ofensivas? Comentários amargos? Desrespeitosos?
- [ ] Minha mente está constantemente ocupada com cobiça, desejando ter, comprar, consumir o que não preciso?
- [ ] Desejo o que os outros têm porque isso me faria ser notado?
- [ ] Tenho sido pobre em espírito?
- [ ] Tenho chorado as minhas dores e me compadecido do sofrimento dos outros?
- [ ] Sou manso e gentil?
- [ ] Defendo a justiça e o que é bom para todos ou o que é bom só para mim?
- [ ] Tenho sido misericordioso?
- [ ] Meu coração é puro ou está sempre tomado de maldades?
- [ ] Sou promotor da paz ou semeador de intrigas?
- [ ] Denuncio as injustiças e defendo os valores do Reino de Deus, sem me importar com as opiniões alheias?

BLOCO 2

UM SER EM RELAÇÃO COM O OUTRO

6 Cada família é única

7 Ser e ter amigos

8 Amor e responsabilidade: Somos templos do Espírito Santo

9 Ser honesto vale a pena?

Os grupos de minha comunidade

10 Encontro celebrativo
Qual é o meu lugar no projeto de Deus?

Neste bloco, a proposta é ajudar o catequizando a compreender-se como um ser em relação com o outro. Para isso serão trabalhadas as principais relações que o ser humano é chamado a estabelecer.

Começamos olhando para o contexto familiar em que cada um está inserido, para ajudá-lo a compreender a unicidade de sua família. Poderá refletir, assim, sobre o auxílio para o crescimento pessoal que o ambiente familiar pode proporcionar.

Ao olhar para além da família, encontramos os amigos como expressão da ternura de Deus. Buscaremos refletir sobre o ser e ter amigos, levando em consideração quão importante é estabelecer laços de amizade para que possamos compreender as relações interpessoais como crescimento pessoal. Não podemos esquecer a dimensão do amor, que precisa ser olhado com seriedade e responsabilidade, inserindo a reflexão sobre sexualidade em um contexto de dignidade da pessoa, assim como de respeito e cuidado com seu corpo e com o corpo do outro.

Ampliando o círculo de relações, é importante abordar a honestidade como um valor a ser vivido, juntamente com a verdade, pois são sinais da vida nova em Cristo.

Apresentamos, como atividade complementar, um momento de interação e conhecimento de grupos e movimentos que trabalham com adolescentes na comunidade. O objetivo é estabelecer contatos com grupos do Pós-Crisma, para que os catequizandos se sintam, desde já, acolhidos pela comunidade.

Como encerramento do bloco, propomos um encontro celebrativo no qual, ao refletir sobre o lugar de cada um no projeto de Deus, pode-se compreender que, como cristãos, somos responsáveis por semear a Palavra em todos os ambientes pelos quais transitamos.

CADA FAMÍLIA É ÚNICA 6

Objetivo

Reconhecer sua família como espaço de vivência do crescimento pessoal.

LEITURA ORANTE

- Como passo importante para o preparo do seu encontro, faça um momento de leitura orante do texto: Eclo 3,1-16.

- Propomos também que durante a semana, até o dia do encontro, realize a oração:
  Deus de nossos pais, dá-me teu amor de pai e mãe para que eu seja capaz de transmiti-lo aos adolescentes que me destes a graça de evangelizar e a alegria de viver em família. Amém.

FUNDAMENTAÇÃO PARA O CATEQUISTA

A vida familiar é uma vida de comunidade, constituída de um conjunto de relações interpessoais capazes de oferecer direção ao nosso caminhar. O Diretório Nacional de Catequese (n. 238) nos lembra da responsabilidade dos pais de serem os primeiros catequistas de seus filhos, ajudando-os a dar os primeiros passos na educação da fé.

O Papa Francisco, no documento que publicou sobre as famílias em 2016, destaca que a transmissão da fé é uma marca do processo educativo dos filhos, pois os ajudará a perceber a beleza de crer e de viver a fé professada. Para tanto, os pais necessitam viver e testemunhar aos filhos a experiência de crer em Deus.

A catequese com as famílias precisa ser marcada por uma proposta que contemple o anúncio e o acompanhamento das pessoas, de acordo com a realidade em que estão inseridas. A comunidade catequizadora é chamada a voltar seu olhar para as famílias, propondo caminhos de fé que as ajudem "a ter uma consciência clara de sua identidade e missão" (DC, n. 230).

É importante se perguntar: Qual a concepção de família que seus catequizandos têm? Ou melhor: qual experiência de família eles vivem? Talvez a realidade familiar que enfrentam não seja a mesma que a sua, tampouco vá de acordo com o ideal do matrimônio cristão católico, mas é preciso "identificar elementos que possam favorecer a evangelização e o crescimento humano e espiritual" (AL, n. 294). Diante das situações de sofrimento e ruptura é preciso cuidado e respeito, demonstrando que a "Igreja quer acompanhar os filhos marcados pelo amor ferido, que se encontram em uma condição mais frágil, devolvendo-lhes sua confiança e esperança" (DC, n. 234). Os catequizandos, como filhos, precisam sentir a importância da sua família e reconhecê-la como um espaço no qual são chamados a viver o amor.

Reflexão bíblica de Eclesiástico 3,5-16: Primeiramente é bom lembrar que a "Palavra de Deus não se apresenta como uma sequência de teses abstratas, mas como uma companheira de viagem, mesmo para as famílias que estão em crise ou imersas em alguma tribulação, mostrando-lhes a meta do caminho" (AL, n. 22).

O texto do encontro nos ajuda a refletir sobre a obediência filial, mas também mostra a importância de cada um na relação familiar. De fato, nos pais, o amor se expressa pela educação que oferecem aos filhos; é seu dever educá-los e respeitá-los como pessoas. Nos filhos, o amor familiar reflete-se no respeito e na obediência a seus pais, ou àqueles que assumem a responsabilidade de cuidá-los e educá-los.

Para o autor bíblico, a salvação representa o ideal de realização da pessoa e a obediência filial é um importante passo na busca desse ideal. No entanto não se trata apenas do papel dos filhos, visto que a conduta dos pais também os atinge de maneira positiva ou negativa. Em uma coisa, contudo, o autor é direto: o respeito aos pais é uma atitude própria de quem teme ao Senhor. Esse respeito não deve ser fruto de uma obediência cega, e sim do amor que brota naturalmente no coração daquele que se sente amado pelas pessoas que lhe deram a vida, que o cuidaram e amaram.

LEIA PARA APROFUNDAR

- *Diretório para a Catequese*, números 226 a 235; 240.
- PAPA FRANCISCO. *Amoris Laetitia*: Exortação apostólica pós-sinodal sobre o amor na família, números 49, 226 e 287.

O ENCONTRO

MATERIAIS

- ✓ Balões coloridos para cada participante.
- ✓ Canetas para escrever nos balões, uma para cada catequizando.
- ✓ Pequenas tiras de papel, uma para cada participante.
- ✓ Música animada.
- ✓ Imagem da Sagrada Família, vela, flores e Bíblia.
- ✓ Organize o ambiente de modo que o grupo tenha um espaço para se mover.
- ✓ Em um lugar de destaque, coloque a imagem da Sagrada Família, Bíblia, vela e flores.

PARA INICIAR O ENCONTRO

- Introduza o tema pedindo que pensem em suas famílias.
- Entregue para cada catequizando uma tira de papel e peça que escrevam o nome das pessoas de sua família. Oriente para que, assim que escreverem, coloquem o papel próximo à imagem da Sagrada Família.
- Convide-os a se aproximar e, de mãos dadas, rezar pelas famílias.
- Entregue um balão a cada catequizando e peça para enchê-lo.

Oriente para que todos andem pela sala "entrevistando" uns aos outros. A pergunta que deve ser feita é: "Para você, o que é família?". Eles devem escrever no balão a resposta que receberem.

- Defina um tempo para realizar a atividade e oriente para que, ao desligar a música, voltem aos seus lugares.

- Encaminhe-os para que respondam à pergunta na atividade proposta.

CRESCER COM A PALAVRA

✝ Convide para que acompanhem a leitura do texto de Eclo 3,5-16.

✝ Solicite que escrevam, na atividade 1, o que entenderam do texto em relação ao papel dos filhos. Sugere-se estar atento para ajudar, mas deixe que cada um faça sua interpretação do texto. Se for oportuno, pode promover a partilha.

✝ Destaque a importância de pensar a família como uma comunidade de pessoas que, unidas pelo amor, são responsáveis pela construção de relações saudáveis. Uma deve cuidar da outra, cada uma deve conhecer o seu lugar e contribuir para o bom relacionamento e a convivência familiar.

✝ Oriente para que peguem novamente o balão. Agora os catequizandos precisam se movimentar no ritmo da música e brincar com os balões jogando-os para cima. Eles devem trocar entre si os balões e nenhum pode cair. Enquanto a música toca, eles dançam e trocam os balões uns com os outros.

✝ Retire alguns catequizandos gradativamente até que sobrem apenas dois com os balões. Sempre que retirar os catequizandos, avise que os balões não podem cair; quem fica deve ser responsável pelo balão de quem sai, mas, se algum cair, deve deixá-lo no chão.

✝ Peça que todos se sentem. A partir dos questionamentos da atividade 2, reflita com eles sobre a dinâmica e auxilie-os no registro das respostas.

CRESCER NA ORAÇÃO

- Após a atividade, convide o grupo para um momento de oração.
- Peça que os catequizandos se recordem de suas famílias. Acenda a vela e leia novamente o texto.
- Convide todos para que se aproximem da imagem da Sagrada Família e estendam as mãos sobre os nomes das famílias que colocaram lá no início do encontro.
- Cantem o refrão da música *Oração da família*, do Padre Zezinho. Convide-os para, de mãos dadas, rezar o Pai-nosso.

CRESCER NO COMPROMISSO

- Incentive-os para que, durante a semana, escrevam uma mensagem para a família deles, manifestando agradecimento pelos bens espirituais, morais e materiais que recebem em seu processo de educação.

> **Dica**
>
> *Você pode motivar para que tragam a mensagem no próximo encontro para combinarem como poderão entregá-la aos familiares.*

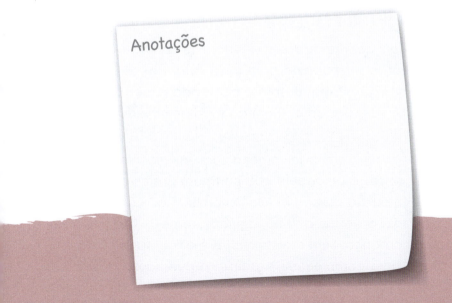

Anotações

7 SER E TER AMIGOS

Objetivo

Compreender a amizade como expressão da ternura de Deus que nos liga a Ele e ao próximo.

LEITURA ORANTE

- Como passo importante para o preparo do seu encontro, faça um momento de leitura orante do texto: Eclo 6,5-17.

- Propomos também que durante a semana, até o dia do encontro, realize a oração:

    Jesus, que desejou nos chamar de amigos e dar-nos a conhecer tudo o que vem do Pai, dai-me a graça de ter amigos e de ser amigo.

FUNDAMENTAÇÃO PARA O CATEQUISTA

A amizade é dom sagrado estendido à humanidade pelo Criador. Deus criou o ser humano bom para estar em amizade com Ele, em harmonia consigo mesmo e com toda criação (cf. CIgC, n. 374). A amizade, portanto, é um dom do amor sem o qual não podemos viver.

A história de uma amizade começa com um encontro. Duas pessoas que se olham e percebem que partilham gostos e valores em comum. Do encontro nasce um relacionamento que amadurece a partir de muitas conversas, partilha, atenção, respeito, tolerância, sinceridade e confiança. Sem esses atributos é difícil manter uma amizade. Quem ama compreende e admira o que há de diferente e especial no outro. Amizades verdadeiras são geradoras de vida. Elas potencializam o que há de melhor em cada pessoa. Não sufocam, não causam constrangimento. O verdadeiro amigo fala a verdade e corrige quando necessário.

Estamos vivendo em uma sociedade extremamente consumista e tecnológica, o que interfere também nos relacionamentos. Existe uma tendência de transformar tudo em bens consumíveis, em objetos. Com amigos, no entanto, não é assim. É preciso tempo e cuidado para que duas pessoas se conheçam. No livro O Pequeno Príncipe, escrito em 1943, podemos aprender, no diálogo da raposa com o protagonista, que para fazer amigos é preciso cativá-los. Nesse sentido, a raposa é enfática quando diz: "Só se conhece as coisas que se cativa (...) os homens não têm mais tempo de conhecer nada. Eles compram as coisas prontas dos mercadores. Mas como não existem mercadores de amigos, os homens não têm mais amigos. Se queres um amigo, me domestique" (SAINT-EXUPÉRY, 2015, p. 68).

Somado a isso há a tecnologia, que impulsionou a comunicação. Ao mesmo tempo que a tecnologia se expande e aproxima pessoas, torna os relacionamentos superficiais. Parece importante ter muitos amigos, muitos seguidores, muitas curtidas, e não importa tanto a qualidade desses relacionamentos. Isso está longe de ser amizade, pois nem sempre nas relações virtuais as pessoas dispõem de tempo para fortalecer os vínculos e por vezes acabam gerando individualismo.

A amizade é um misto de liberdade e bondade, de aceitação e renúncia. O bom amigo ajuda a descobrir nossas qualidades e limitações; ele nos faz buscar sermos melhores. Amigos são essenciais para a felicidade mútua. Que graça teriam as conquistas e as realizações sem bons amigos para se alegrarem conosco? Os verdadeiros amigos se olham e se reconhecem um no outro.

A amizade nasce em Deus, e n'Ele deve espelhar-se. Jesus é este modelo, pois, "ao partilhar, no seu coração humano, o amor do Pai para com os homens, Ele amou incondicionalmente" (cf. ClgC, n. 609). Jesus tem uma oferta contínua de amizade para com todos que o encontram. Ele apresenta as características de tudo que se espera de um verdadeiro amigo: olha com profundidade e com ternura aqueles que encontra; é generoso e atencioso; é capaz de compreender qualquer falha, mas é igualmente firme na correção; é exigente com a sinceridade e absolutamente fiel ao Pai e ao seus. Santo Agostinho fala que só se consegue ser amigo de verdade quem é amigo de Deus: "Só não perde nenhum amigo aquele a quem todos são queridos n'Aquele que nunca perdemos. E quem é Esse, senão o nosso Deus" (AGOSTINHO, 2011, p. 60).

É preciso destacar que "o princípio da solidariedade, também enunciado sob o nome de 'amizade' ou de 'caridade social', é uma exigência direta da fraternidade humana e cristã" (CIgC, n. 1939). Assim, um mundo fraterno, solidário e pacífico passa pelos relacionamentos das amizades pessoais. Quem não é capaz de construir amizades sólidas com pessoas que lhe são próximas, jamais será capaz de ter em seu coração o desejo de amor universal.

Reflexão bíblica de Eclesiástico 6,5-17: O texto é um dos tantos do Eclesiástico (também chamado de Sirácida) em que a temática central é a amizade verdadeira. Sua estrutura está dividida em quatro partes: exortação ou conselho (versículos 5 a 7); as características do mau amigo (versículos 8 a 12); a ligação entre a segunda e a quarta parte (versículo 13); as características do bom amigo (versículos 14 a 17).

Toda relação amistosa é construída sobre os alicerces da amizade do ser humano com Deus: a forma de falar, o tratamento carinhoso, o desejo de paz e prosperidade. Amigos tratam-se bem e desejam o bem um ao outro, assim como Deus deseja o bem de sua criatura. O temor de Deus deve ser cimento de amizade autêntica, pois a amizade é dom concedido por Ele.

A amizade é um afeto que se desenvolve na convivência com as alegrias e adversidades. Por essas provações, é possível encontrar aqueles em quem se pode confiar. Com Jesus, modelo de amizade com Deus e com os seres humanos, foi assim. Ele fazia amizades por onde passava e nos mostrou que algumas são especiais. Entre 72 discípulos, escolheu doze amigos para serem seus apóstolos. Na transfiguração estavam apenas três e, no seu momento mais difícil, somente um permaneceu aos pés da cruz, ao lado de sua mãe. É possível perdoar a covardia de um amigo. Além dessas, Jesus teve amizades sinceras com Lázaro, as irmãs Marta e Maria, Maria Madalena, entre outras pessoas. Esses amigos queriam simplesmente estar ao lado de Jesus aprendendo com Ele o real significado da amizade, pois "quanto mais participarmos na vida de Cristo e progredirmos na sua amizade, mais difícil nos será romper com Ele pelo pecado" (CIgC, n. 1395).

Ele dirige a nós a grande prova de amizade: "Já não os chamo escravos, porque o escravo não sabe o que faz o seu senhor. Eu vos chamo amigos, porque vos dei a conhecer tudo o que ouvi de meu Pai" (Jo 15,15). Também nos mostra que a liberdade é condição imprescindível da amizade. Amigos verdadeiros são aqueles com quem se pode contar em tempos bons e em tempos difíceis. Numa amizade verdadeira experimentamos o amor puro, que não espera recompensas ou reconhecimento, que apenas ama como ama a si mesmo.

Depois de ler a fundamentação, reflita um pouco. Para ajudá-lo, apresentamos algumas questões:

1. Quais as características de uma amizade verdadeira firmada em Deus?
2. Jesus é seu melhor amigo?
3. Quanto tempo você tem dedicado a seus amigos?

O ENCONTRO

MATERIAIS

✓ Folha sulfite impressa com a seguinte orientação:
- Agora é com você: descreva seu melhor amigo.
- Escolha um dos seus melhores amigos e relate as seguintes informações sobre ele: como é fisicamente, sua idade, suas maiores qualidades, seus maiores defeitos, suas manias, o que ele faz que mais alegra você, o que ele faz que deixa você irritado, qual a maior aventura que viveram, o que vocês gostam de fazer juntos...
- Enfim, por que ele é seu melhor amigo?

PARA INICIAR O ENCONTRO

- Escolha as redes sociais mais usadas no momento e pergunte quantos seguidores os catequizandos têm nelas. Depois pergunte quantos amigos eles têm.
- Pergunte se esses seguidores são realmente amigos, daqueles com quem podem contar em qualquer situação e a quem seriam capazes de revelar seus medos e segredos mais íntimos.

CRESCER COM A PALAVRA

- ✝ Comente que o texto bíblico os levará a meditar sobre o grande valor da amizade.
- ✝ Motive-os a pedir ao Senhor para que envie o Espírito Santo com seus dons, para que possam viver seus ensinamentos.
- ✝ Sugere-se rezar o canto: *A nós descei, Divina Luz*.
- ✝ Leia o texto bíblico do encontro: Eclo 6,5-12.
- ✝ Peça que repitam as palavras ou frases que acharam mais significativas no texto.
- ✝ Encaminhe para as reflexões no livro do catequizando, propostas na atividade 1.
- ✝ Leia com o grupo o texto do livro do catequizando e provoque reflexões e questionamentos sobre o que se destaca na amizade ali descrita.
- ✝ Peça que comentem as semelhanças entre a amizade descrita e as amizades que eles têm. Oriente-os a realizar a atividade 2.
- ✝ Em seguida encaminhe para a atividade 3 e entregue a folha sulfite com os questionamentos. Peça que escolham uma única pessoa para descreverem; uma que esteja entre seus melhores amigos.
- ✝ Após cada um responder, recolha as folhas e redistribua-as aos catequizandos, de modo que ninguém fique com sua própria descrição.
- ✝ Oriente-os para que cada um apresente o amigo descrito na folha que tem nas mãos.

✝ A cada apresentação, peça que os outros tentem adivinhar de quem é aquele amigo. Depois, o autor da descrição se apresenta para pegar a sua folha.

✝ Questione o que puderam perceber na dinâmica. Aponte as muitas características dos melhores amigos que são semelhantes, mas indique os detalhes, as particularidades, que somente um grande amigo identifica.

✝ Por fim, oriente-os para que, na atividade 4, elaborem uma mensagem ao amigo que descreveram.

✝ Se achar conveniente, peça que enviem a mensagem para o amigo durante o encontro pelas redes sociais.

CRESCER NA ORAÇÃO

- Comente o que disse, em uma Homilia, ainda antes de ser Papa, Bento XVI sobre a amizade:

> O Senhor chama-nos amigos, torna-nos seus amigos, oferece-nos a sua amizade. O Senhor define a amizade de uma dupla forma. Não existem segredos entre amigos: Cristo diz-nos tudo quando ouve o Pai; oferece-nos a sua plena confiança e, com a confiança, também o conhecimento. Revela-nos o seu rosto, o seu coração. Mostra-nos a sua ternura por nós, o seu amor apaixonado que vai até à loucura da cruz. (RATZINGER, 2005)

- Oriente a oração conforme está proposto no livro do catequizando.

CRESCER NO COMPROMISSO

- Explore as questões do livro do catequizando e proponha estabelecerem o compromisso da semana, definindo um horário em suas rotinas diárias para enviar uma mensagem religiosa a seus melhores amigos falando do quanto Deus os ama.

> *"Amigo fiel é refúgio seguro: quem o encontra, encontra um tesouro."* (Eclo 6,14)

8 AMOR E RESPONSABILIDADE: SOMOS TEMPLOS DO ESPÍRITO SANTO

Objetivo

Compreender a importância e a dignidade da pessoa, assim como o valor de sua sexualidade na relação com os outros.

LEITURA ORANTE

- Como passo importante para o preparo do seu encontro, faça um momento de leitura orante do texto: 1Cor 6,12-14.19-20.

- Propomos também que durante a semana, até o dia do encontro, realize a seguinte oração:

Senhor Deus, que me criaste com tanto cuidado e carinho, guiai-me na vivência do verdadeiro amor para que eu possa ser uma testemunha viva da lealdade, da pureza, da castidade, da fidelidade e do compromisso diante do outro.

FUNDAMENTAÇÃO PARA O CATEQUISTA

O ser humano traz consigo uma série de dimensões que o constituem pessoa. É um ser físico, racional, afetivo, social e espiritual dotado de vontade e liberdade. O ser humano também é um ser dotado de sexualidade.

A sexualidade é uma força que permeia toda a vida humana. Segundo o Conselho Pontifício para a Família (1995, n. 10-11),

> É um componente fundamental da personalidade, um modo de ser, de se manifestar, de comunicar com os outros, de sentir, de expressar e de viver o amor humano. (...) Enquanto modalidade de se relacionar e se abrir

aos outros, a sexualidade tem como fim intrínseco o amor, mais precisamente o amor como doação e acolhimento, como dar e receber. A sexualidade deve ser orientada, elevada e integrada pelo amor, que é o único a torná-la verdadeiramente humana.

Quando falamos de sexualidade, geralmente nos referimos aos órgãos genitais e a tudo o que está voltado aos aspectos físicos exteriores do homem e da mulher. Embora sendo um aspecto importante, a genitalidade não é a sexualidade por inteiro, mas apenas uma de suas expressões. Enquanto a sexualidade se coloca numa dimensão de todo o ser da pessoa, a genitalidade é compreendida como um aspecto que apresenta uma característica física. Ser pessoa é ser alguém, e não algo, e não uma coisa, e não o mero elemento de um grupo qualquer.

Seres humanos são dotados de sentimentos e emoções que caracterizam sua dimensão afetiva. Para a psicologia, a principal ciência que estuda a afetividade, emoção e sentimento estão associados ao coração, principal símbolo da afetividade humana, representante do amor em suas diversas formas. A emoção é uma reação biofisiológica, uma espécie de alteração do corpo de curta duração diante de um acontecimento, como quando a alegria ou o medo fazem com que nossos batimentos cardíacos aumentem. O sentimento já é um evento de longa duração e está associado à razão e ao pensamento. A pessoa ama apaixonadamente, mas sabe a quem ama e seus batimentos cardíacos não aceleram por isso. Para saber da emoção de alguém, basta olhar suas atitudes: riso, choro, euforia. Para saber o sentimento é preciso perguntar: "O que você está sentindo?". A resposta passa pela razão.

A sexualidade é perpassada pela emoção e pelo sentimento, mas se ficar somente no campo das emoções, o que teremos é o sexo, a genitalidade. Podemos compreender, então, a grande confusão entre amor e sexo inconsequente, ou entre amor e a erotização, a banalização. Há um reducionismo barato nessas relações, divulgando um egoísmo que não preenche, pois busca a mera satisfação individual momentânea e vazia. Levantando a bandeira da liberdade, do "tenho o direito de fazer o que quero com meu corpo", há a constante ideia de que o prazer e a satisfação devem ser buscados a qualquer custo. Isso leva as pessoas a um individualismo que reduz a beleza da sexualidade ao ato sexual.

Assim, para viver a beleza da sexualidade, somos chamados à vivência da castidade, ou seja, da integração correta da sexualidade equilibrando o ser corporal e espiritual. A castidade possibilita à pessoa o distanciamento de todo comportamento que possa ferir a si mesma e aos outros. Orienta ao aprendizado do autodomínio e ao verdadeiro uso da liberdade, o que garante a dignidade e a harmonia entre todos.

Reflexão bíblica de 1Coríntios 6,12-14.19-20: "Tudo me é permitido" talvez seja o preceito bíblico mais evocado no mundo atual. A mídia, as ideologias, as estruturas econômicas (que necessitam do consumo para existirem) estimulam a sociedade a entoar em coro: "eu posso", "eu quero", "tenho direito", "a vida é minha", "sou livre para tudo". É tanto individualismo e egoísmo que o ser humano passa a ser escravo da sua liberdade – se é que se pode falar em liberdade quando só o que importa é seguir os padrões. A permissão, entretanto, vem sucedida de um "mas nem tudo me convém". Podemos ler "mas nem tudo fará bem, trará felicidade e harmonia".

A liberdade cristã só é vivida plenamente pelo exercício do autodomínio. Se não é assim, chama-se libertinagem. A primeira eleva a dignidade da pessoa, a segunda escraviza e faz sofrer. A liberdade tem limites.

Paulo lembra à comunidade de Corinto que o ser humano, com seu corpo, é destinado à salvação realizada plenamente em Jesus Cristo. Fala também que o corpo cristão é habitado pelo Espírito divino, por isso deve ser respeitado como espaço sagrado.

No capítulo 13, em seu hino ao amor, Paulo resume os fundamentos da vida plena no amor que vence o individualismo e o egoísmo, trazendo consigo todas as virtudes que levam à felicidade: "O amor é paciente, benigno, não é invejoso, orgulhoso ou vaidoso, não é inconveniente, interesseiro ou agressivo, O amor, desculpa, acredita, espera e dá suporte". Por tudo isso o amor é eterno (cf. 1Cor 4-8). É para o amor que nossa sexualidade precisa ser direcionada.

> **LEIA PARA APROFUNDAR**
> - *Catecismo da Igreja Católica*, números 2331 a 2359.

Depois de ler a fundamentação, reflita um pouco. Para ajudá-lo, apresentamos algumas questões:

1. Como compreendo e vivencio minha sexualidade?
2. Como posso ajudar meus catequizandos a valorizar a dignidade de serem pessoas amadas por Deus?
3. Como trabalhar os temas sexualidade, amor e afetividade de uma maneira que os catequizandos descubram a beleza de seus sentimentos e a grandeza do plano de Deus para o ser humano?

O ENCONTRO

MATERIAIS

- Duas caixas, podem ser de sapatos, de um tamanho que todos possam ver.
  - Uma caixa deve estar encapada com um bonito papel, incluindo a tampa. Cuide para que se possa abrir a caixa.
  - Uma caixa deve estar sem nenhum destaque, pode até mesmo ter alguns furos e dar a impressão de ser velha.
- Prepare uma sacola de "lixo": papéis rasgados e amassados, latas vazias, embalagens plásticas, copos etc.
- Quatro tarjas grandes de papel com as seguintes palavras:
  - Tarja 1: "Tudo posso!".
  - Tarja 2: "Mas nem tudo me convém!".
  - Tarja 3: "Liberdade!".
  - Tarja 4: "Libertinagem!".
- Duas tarjas pequenas de papel, em branco, para cada catequizando.
- Canetinhas coloridas ou pincel atômico.

PARA INICIAR O ENCONTRO

- Arrume o ambiente com as cadeiras em círculo. Deixe as duas caixas em cima da mesa (de um jeito que todos possam ver).
- Espalhe o lixo pelo chão, nas cadeiras etc.
- Reúna os catequizandos e entrem na sala juntos.

Dinâmica: As duas caixas (Parte 1)

Pergunte aos catequizandos se notaram algo estranho na sala. Conduza para que percebam o lixo espalhado e motive para que o recolham.

Incentive-os a escolher uma das caixas sobre a mesa para colocar o lixo (deixe que decidam qual caixa usarão).

Depois do lixo recolhido, deixe as duas caixas (mesmo se usarem apenas uma) no centro do círculo e convide-os para um momento orante.

Peça que contemplem as caixas no chão e se perguntem: "Qual o sentido de elas estarem aqui?". Não precisa se preocupar com respostas agora, apenas motivar para que reflitam.

CRESCER COM A PALAVRA

- Motive-os a acompanhar a leitura do texto de 1Cor 6,12-14.19-20.
- Após a leitura, destaque duas frases do texto (que estão escritas na tarja): "Tudo posso!" (coloque perto da caixa que não está embalada) e "Mas nem tudo me convém!" (coloque perto da caixa de presente).
- Convide todos a rezarem a oração que está no livro do catequizando.
- Motive-os a ler o texto novamente e escolher um versículo que lhes chamou atenção. Peça que transcrevam o versículo no livro, na atividade 1.
- Depois do registro, oriente-os a olhar as caixas e as tarjas no centro. O esperado é que eles tenham escolhido a caixa desembalada

para recolher o lixo, porém, independentemente da caixa escolhida, pergunte por que a escolheram. Se escolheram a caixa mais bonita, pergunte o motivo e se acham adequado usar uma caixa embalada para presente para guardar lixo. Destaque que, dificilmente, embalamos uma caixa com papel de presente para pôr lixo.

- ✝ Pergunte se conseguem ver alguma relação da dinâmica com o texto bíblico do encontro (deixe que se manifestem). Ajude-os a compreender que somos como presentes de Deus uns para os outros. Com a ajuda da fundamentação teórica, converse sobre a liberdade e a libertinagem; sobre a compreensão errada que muitos têm a respeito da vivência da sexualidade.

- ✝ Comente que, se nos deixarmos guiar pelo "Tudo posso!", cairemos na libertinagem (coloque a tarja "Libertinagem!" ao lado da frase "Tudo posso!"). Mencione que precisamos compreender o sentido da "Liberdade!", que se manifesta no "Mas nem tudo me convém!". Para isso, é preciso viver com responsabilidade os dons recebidos (coloque a tarja "Liberdade!" ao lado de "Mas nem tudo me convém").

- ✝ Entregue duas tarjas em branco para cada catequizando e peça que conversem (pode ser em duplas) sobre quais atitudes devemos cultivar no relacionamento conosco e com os outros, e quais atitudes devemos evitar. Depois da conversa, peça que escrevam nas tarjas e transcrevam a informação na atividade 2 em seus livros:

    - Tarja 1 – Atitude positiva: _____
    - Tarja 2 – Atitude negativa: _____

- ✝ As respostas são pessoais. Oriente as duplas, mas deixe os catequizandos refletirem sobre as atitudes na relação com o outro.
- ✝ Depois da atividade, convide-os para o momento de oração.

CRESCER NA ORAÇÃO

- Convide-os a reler o texto bíblico. Após a leitura, será o momento de pedir perdão e incentivá-los a se comprometerem com a beleza da vida que Deus nos deu:

    - **Pedido de perdão**: Oriente-os a ler, em voz alta, a atitude negativa (um de cada vez) que escreveram e colocá-la ao lado da frase "Tudo posso!". Após cada leitura, todos rezam: *Senhor, perdoai-nos por não perceber a beleza do presente que somos.*

    - **Pedido de ajuda**: Oriente-os a ler, em voz alta, a atitude positiva (um de cada vez) que escreveram e colocar ao lado da frase "Mas nem tudo me convém!". Após cada leitura, todos rezam: *Senhor, ajudai-nos a viver a verdadeira liberdade.*

- Convide-os a rezar, de mãos dadas, a oração do Pai-nosso.

CRESCER NO COMPROMISSO

- Motive-os para que, em casa, rezem o Salmo 138(139) durante a semana. Peça que reflitam sobre como cada um pode, em sua realidade, viver de acordo com a beleza dos dons que recebeu, anotando as atitudes nas ilustrações em seus livros.

SER HONESTO VALE A PENA? 9

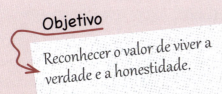

Objetivo
Reconhecer o valor de viver a verdade e a honestidade.

LEITURA ORANTE

- Como passo importante para o preparo do seu encontro, faça um momento de leitura orante dos textos indicados: Am 8,4-8 e Sl 1.

- Propomos também que durante a semana, até o dia do encontro, realize a seguinte oração:
Vinde, ó Senhor, em socorro da minha fraqueza! Dai-me força para perseverar na prática da justiça e da honestidade. Amém.

FUNDAMENTAÇÃO PARA O CATEQUISTA

O sétimo mandamento da Lei de Deus proíbe tomar ou manter consigo, de forma injusta, os bens do próximo, ou ainda prejudicá-lo de qualquer modo em seus bens materiais (cf. CIgC, n. 2401). Ele faz com que meditemos sobre a nossa postura em relação à virtude da honestidade quanto ao uso dos bens materiais doados por Deus.

Se temos o direito de possuir aquilo que, para nós, é necessário à vida, é preciso lembrar que nosso próximo também tem. Roubar é retirar, contra a vontade ou sem a autorização do outro, algum bem que lhe pertence (cf. CIgC, n. 2408). Isso pode acontecer de diversas formas, desde manter consigo algum bem emprestado, não devolver um objeto perdido, cobrar mais caro por mercadorias que não valem tanto, pagar salários injustos e trapacear em jogos até algo mais grave, como considerar o ser humano uma mercadoria ao prostituir, escravizar e praticar outros modos de exploração (cf. CIgC, n. 2409-2418). Além disso, é considerado roubo não ajudar pessoas pobres e necessitadas – dar-lhes assistência, aliás, não é caridade, mas obrigação (cf. CIgC, n. 2446).

Além desses atos individuais, a Igreja nos ensina que a situação de roubo pode atingir níveis sociais em nível mundial, por isso todos os esforços devem estar direcionados ao bem-estar de quaisquer pessoas (cf. CIgC, n. 2406-2442).

O oitavo mandamento da Lei de Deus diz: "Não levantarás falso testemunho contra teu próximo" (Ex 20,16). Ele proíbe a falsidade, convidando-nos a defender a verdade, pois Deus é revelador e fonte da verdade: "Eu sou o Caminho, a Verdade e a Vida" (Jo 14,6). Portanto, "O encontro com Cristo potencializa o dinamismo da razão que, à luz da fé, abre a inteligência para a verdade. Também capacita para o discernimento" (DAp, n. 280c).

Em Eclo 5,12s, vemos que a língua pode ser a ruína das pessoas. Muitas das ofensas contra o próximo têm origem no mau uso dela. Algumas ofensas à verdade merecem destaque (cf. CIgC, n. 2475-2487):

- **Falso testemunho**: quando alguém mente publicamente sob juramento. O falso testemunho chama-se perjúrio. É bom que se tenha presente a seriedade de um juramento, pois Deus é testemunha.
- **Juízo temerário:** quando afirmações são declaradas sem haver fundamento.
- **Maledicência:** revelar defeitos e faltas de alguém, sem haver uma razão justa.
- **Calúnia:** prejudicar a reputação de alguém através da mentira.
- **Complacência e bajulação:** quando se encoraja ou confirma o pecado de alguém.

Também cabe destacar a relação dos meios de comunicação social com a verdade, uma vez que ao manipular as informações, ou incentivar o consumo desmedido em nome do lucro, propagam engano e mentira. Sendo assim, é importante afirmar: "A informação dos meios de comunicação social está a serviço do bem comum. A sociedade tem direito a uma informação fundada sobre a verdade, a justiça e a solidariedade" (CIgC, n. 2494).

Reflexão bíblica de Amós 8, 4-8 e Salmo 1: O profeta é incisivo em sua denúncia daqueles que esmagam o pobre, que enganam os humildes, que desrespeitam a Deus. E o pecado não diz respeito apenas a quem pratica o ato, mas toda a Terra é atingida pela ação maléfica dos maus comerciantes que se aproveitam da inocência e falta de conhecimento do povo para explorá-lo. Deus não esquece esses atos, e se coloca do lado de quem é explorado, contra os exploradores.

Em relação ao Salmo 1, o salmista nos mostra que temos a possibilidade de escolher entre dois caminhos: o do bem e o do mal; o da justiça e o da injustiça; o dos bons e o dos ímpios. Quem escolher o bem e a prática da Lei do Senhor será recompensado, encontrará a vida plena e será protegido pelo Senhor. Quem opta pelo caminho do mal, afasta-se da graça e da bênção.

A partir desses textos é possível perceber que a mensagem bíblica incentiva a escolha do bem. Optar pela desonestidade não vale a pena!

Depois de ler a fundamentação, reflita um pouco.

1. Como você procura dar seu testemunho de honestidade e verdade no dia a dia, diante da comunidade da qual faz parte?

O ENCONTRO

MATERIAIS

- Tarjas pequenas de papel (uma para cada catequizando).
- Duas cartolinas brancas.
- Uma fôrma de alumínio (para queimar papéis).
- Pincel atômico.
- Reúna notícias de corrupção, roubo, calúnia e mentira.
- Reúna notícias de boas ações.

- ✓ Cartaz com a frase: "Dois são os caminhos, qual você escolhe?".
- ✓ Vela grande.
- ✓ Prepare um espaço para a Bíblia, a vela e as flores. Espalhe as notícias perto do cartaz.

PARA INICIAR O ENCONTRO

- Acolha os catequizandos e convide-os a prestar atenção às notícias que estão no chão e na frase do cartaz.

CRESCER COM A PALAVRA

- ✝ Peça aos catequizandos que rezem em suas Bíblias o Salmo 1 (deixe um instante de silêncio com uma música ambiente para que possam ler).
- Divida os catequizandos em dois grupos. Cada grupo receberá as seguintes instruções:
    - GRUPO 1:
        - Ler Amós 8,4-8 e identificar as atitudes desonestas apontadas no texto.
        - Procurar nas notícias próximas ao cartaz aquelas que se relacionam com a leitura.
        - Montar um cartaz com o título "Caminho do mal" e escrever as atitudes apontadas no texto.
    - GRUPO 2:
        - Ler o Salmo 1 e identificar as atitudes de quem está no caminho do bem.
        - Procurar nas notícias aquelas que se relacionam com as atitudes do caminho do bem.
        - Montar um cartaz com o título "Caminho do bem" e escrever as atitudes apontadas no texto.
- Acompanhe os grupos na reflexão e confecção dos cartazes.
- Oriente para que eles apresentem seus cartazes com o respectivo texto bíblico. Na sequência, peça que completem a atividade 1 no livro.
- Esteja atento para ajudar a completar o sentido da honestidade e da escolha do bem (conforme a fundamentação teórica).

CRESCER NA ORAÇÃO

- Entregue a cada catequizando uma tarja de papel em branco.
- Oriente os catequizandos a relerem o texto de Amós 8,4-8 e refletirem sobre uma atitude desonesta que os afastou ou afasta do bem. Peça que escrevam essa atitude na tarja de papel.
- Depois que escreverem, peça que se aproximem da vela e queimem o papel. Enquanto isso, canta-se um canto de perdão (à escolha do catequista).
- Motive-os a elaborar uma oração pedindo a Deus que os ajude a perseverar no caminho do bem e registrá-la no livro.

CRESCER NO COMPROMISSO

- Releia com eles o Salmo 1.
- Oriente para que assumam um compromisso inspirado no texto e o registrem no livro. Peça que, durante a semana, retomem esse compromisso e reflitam se o estão cumprindo.
- Convide-os a encerrar o encontro com a oração do Pai-nosso.

OS GRUPOS DE MINHA COMUNIDADE

Proposta para encerramento do bloco, antes da celebração.

COMO DESENVOLVER

- Propomos oportunizar aos catequizandos conhecer adolescentes e jovens que, depois de celebrarem a Crisma, permanecem participando da vida da comunidade.
- Orientamos que o catequista se informe em sua comunidade sobre o trabalho pastoral direcionado a adolescentes e jovens.
- Converse com os coordenadores e prepare um momento em que o trabalho seja apresentado aos catequizandos.
- Pode-se apresentar mais de um grupo, dependerá do que a comunidade tem para oferecer aos adolescentes e jovens no Pós-Crisma.

10 — QUAL É O MEU LUGAR NO PROJETO DE DEUS?

Encontro celebrativo

Objetivo

Reconhecer a responsabilidade do cristão de ser semeador da Palavra nos ambientes onde estiver inserido.

LEITURA ORANTE

- Como passo importante para o preparo do seu encontro, faça um momento de leitura orante do texto: Mt 13,1-19.

FUNDAMENTAÇÃO PARA O CATEQUISTA

Jesus ensinou diversas vezes por meio de parábolas, que são comparações inspiradas nas experiências da vida das pessoas para provocar reflexão e impulsionar para a ação. As parábolas são analogias que explicam os valores do Reino de Deus, mas o sentido delas pode ser compreendido com superficialidade por algumas pessoas, de modo a não provocar a transformação de vida radical que o Reino exige.

Essa celebração é uma oportunidade de refletir, através da parábola, sobre a ação da Palavra em nossas vidas. Somos terrenos que receberam sementes. Jesus semeou e não se importou com as adversidades. Põe a semente na terra, pois não será em vão... Aqui somos chamados a ser semeadores. Uma vez que em cada um de nós a Palavra de Deus produz frutos, precisamos usar as sementes deles para semear. É a dinâmica do discípulo missionário.

MATERIAIS

- ✓ Sementes para distribuir aos catequizandos ao final do encontro. Opte por sementes de temperos, flores e árvores de fácil germinação.
- ✓ Organize o ambiente dispondo as cadeiras em círculo, para que todos os catequizandos possam olhar os símbolos e entreolharem-se no momento das reflexões.
- ✓ Sobre tecidos coloridos ou um tapete, disponha:
    - Bíblia com certo destaque.
    - Vela e um vaso de flor.
    - Um recipiente grande (fôrma de bolo, por exemplo) reproduzindo o cenário da parábola do Semeador: chão duro à beira do caminho, espinhos, pedras e terra boa.
    - Sementes espalhadas sobre o tecido e a Bíblia.

ACOLHIDA

Animador: Queridos catequizandos, todos somos chamados a evangelizar, a lançar no terreno dos corações as sementes do Reino de Deus, o Reino da verdade, da paz, da justiça e do amor. Lançar as sementes do Reino significa aderir a um projeto de vida novo, no qual o amor de Cristo é tudo em todos.

Canto: Sugere-se *Conheço um coração* (Padre Joãozinho, SCJ).

Dirigente: Iniciemos nossa celebração invocando a Trindade Santa.

Todos: Em nome do Pai e do Filho e do Espírito Santo. Amém.

Animador: Com a graça de Deus, nos encontramos hoje para celebrar a vida em todos os seus aspectos. A vida que vibra no jovem, a vida que está calma no ancião, a vida que ainda se desenvolve na criança e a vida que está adormecida na semente.

Dirigente: Peçamos ao Espírito Santo seus dons para que possamos acolher a Palavra em nossos corações e fazê-la frutificar.

Canto: Sugere-se *A nós descei, Divina Luz*.

Animador: A semente possui uma característica interessante: para se transformar em planta, ela precisa morrer. É assim também com os que desejam viver em Deus. O que é triste, amargo e maligno deve morrer em nós para que a planta do amor nasça no coração. Vamos olhar para nosso agir e ver o que podemos deixar morrer em nós para ver a vida nascer.

Leitor 1: Senhor, no aconchegante terreno que é o nosso lar às vezes somos pouco compreensivos com nossos familiares, justamente aqueles que mais nos amam, e agimos grosseiramente com eles. Dá-nos, Senhor, sementes de gentileza para plantarmos em nossas famílias.

Todos: Perdoa nossa dureza de coração e dá-nos sementes de gentileza, Senhor.

Leitor 2: Senhor, no alegre terreno da amizade, por vezes negligenciamos a parceria, o companheirismo e a partilha que recebemos de nossos amigos, e não nos esforçamos em cultivar nossas amizades com ternura.

Todos: Perdoa a indiferença do nosso coração e dá-nos sementes de ternura, Senhor.

Leitor 1: Senhor, nosso Deus, nem sempre compreendemos as paixões desordenadas que habitam nosso ser, então nos magoamos e vos ofendemos desrespeitando nossa dignidade de pessoas.

Todos: Perdoa nossa fraqueza de coração e dá-nos sementes de retidão, Senhor.

Leitor 2: Senhor, quantas vezes falhamos em ser honestos e nos vangloriamos de enganar os outros quando somos nós os mais ludibriados.

Todos: Perdoa nossa falta de caráter e dá-nos sementes de honestidade, Senhor.

Dirigente: Peçamos perdão pelas sementes que perdemos pelo caminho, pelos cuidados que negamos à planta da nossa vida e pelo descaso com a vida dos nossos irmãos.

Canto: Sugere-se *Mesmo que eu não queira* (Padre Zezinho).

PROCLAMAÇÃO DA PALAVRA

Dirigente: Vamos acolher a boa semente que é a Palavra de Deus em nossa vida.

Canto de aclamação: Sugere-se *Buscai primeiro o Reino de Deus*.

Leitor: Vamos ouvir o Evangelho de Jesus Cristo segundo Mateus 13,1-9.

Ao final da leitura, cantar um refrão e silenciar por alguns instantes para acolher a Palavra.

Animador: Parábolas são pequenas comparações que ajudam a explicar melhor os aspectos da nossa vida. A semente contém em si a vida que precisa ser desenvolvida, mas necessita de condições adequadas para isso. Vamos refletir sobre essas condições.

O catequista ou dirigente deve conduzir a partilha de acordo com as explicações de Jesus na continuação do texto de Mt 13,18-23.

Dirigente: O semeador nos mostra que o ser humano, através de seu trabalho, é colaborador de Deus no cuidado da criação para que seja cada vez mais voltada para o amor e a justiça. Depois de fazer o seu trabalho, o semeador espera a colheita, que depende da combinação entre o solo e a semente.

Todos: O semeador saiu a semear, também nós somos chamados a lançar as sementes da Palavra.

Animador: Jesus Cristo foi semeador do amor no mundo e conta com a colaboração de jovens semeadores como vocês, para que mais pessoas colham os frutos desse amor. Ele espalhou as sementes, mas a resistência de pessoas e estruturas injustas ainda impedem que todas as sementes germinem.

Todos: Jesus nos convida a lançar as sementes do seu Evangelho, que elas frutifiquem abundantemente.

Dirigente: O semeador sabe que haverá colheita, mas está certo de que é Deus quem faz a semente germinar. A melhor forma de semear as sementes do Reino é através do testemunho de quem acolheu as palavras do Evangelho no coração e agora espalha a sua mensagem, como quem espalha as sementes, para que outros possam também acolhê-las.

Todos: Nossa missão é semear testemunhando a mensagem do Evangelho.

ORAÇÃO FINAL

Todos: *Senhor, dá-me a graça de ser semeador do teu Reino e fazer frutificar as sementes de justiça, de paz, de mansidão, de misericórdia, de pureza, de consolo e simplicidade.*

Dá-me a graça de ocupar meu lugar de discípulo missionário na comunidade, levando meu testemunho e tua Palavra sempre a todos os lugares por onde passar. Amém.

BÊNÇÃO

Dirigente: O Senhor te abençoe e te guarde.

Todos: Amém.

Dirigente: O Senhor faça resplandecer o seu rosto sobre ti e te conceda a graça.

Todos: Amém.

Dirigente: O Senhor volte para ti o seu rosto e te dê a paz.

Todos: Amém.

Dirigente: Vocês receberão algumas sementes para que plantem e cuidem lembrando que a vida necessita de cuidados.

Canto: Sugere-se *Estar em tuas mãos* (Comunidade Católica Shalom).

BLOCO 3

UM SER EM RELAÇÃO COM O MUNDO

11 Em defesa da criação

12 Em defesa da vida

13 Somos construtores da paz

14 Nosso "sim" a um viver diferente

   Colaboradores de Deus

15 Encontro celebrativo
   Eu vim para que tenham vida

A compreensão que está na base deste bloco é a de que a relação do ser humano com a criação e com a sociedade exige um posicionamento de respeito e cuidado, compromissos que brotam da nossa adesão a Jesus Cristo e ao Evangelho.

Ao falar da defesa da criação propomos ajudar os catequizandos a se sentirem chamados a colaborar com Deus no cuidado com o mundo criado. Não somos dominadores, tampouco meros consumidores. Antes, nossa missão é defender a vida em todos os seus estágios, por isso é importante identificar os elementos que caracterizam os diversos tipos de morte em nossa sociedade.

Os conflitos e as discórdias que começam em pequenas escalas acabam por tirar a paz, por isso é urgente primar pela construção de uma cultura pacífica. Os catequizandos são chamados a refletir sobre seu comportamento e compreender que a condição de paz é a expressão da vivência dos valores evangélicos. Assumir o Evangelho como norma de vida é a atitude de quem diz "sim" a um viver diferente, que consiste em conformar-se a Cristo e colocar-se a serviço do próximo.

A atividade complementar proposta vai na direção de conscientizar para a necessidade de agir em defesa da vida humana e da natureza. Para isso, sugerimos uma ação que envolve a doação de mudas de plantas, alimentos ou roupas.

O encontro celebrativo, que encerra o bloco, resgata a certeza de que Jesus é fonte de vida e seu maior desejo é que todos possam viver com plenitude. Por isso convidamos o grupo de catequese a celebrar o dom da vida criada e amada por Deus.

EM DEFESA DA CRIAÇÃO

11

> **Objetivo**
> Relacionar o projeto de Deus ao chamado para sermos seus colaboradores no cuidado com a criação.

LEITURA ORANTE

- Como passo importante para o preparo do seu encontro, faça um momento de leitura orante do texto: Gn 2,4b-25.

- Propomos também que durante a semana, até o dia do encontro, realize a seguinte oração.

Senhor, que eu possa comunicar a sua presença em minhas ações de preservação da natureza e nas relações com o meu próximo. Amém.

FUNDAMENTAÇÃO PARA O CATEQUISTA

Somos pessoas de fé, criadas à imagem e semelhança de Deus. Por isso somos também responsáveis por zelar a obra que Ele criou. É da convicção de fé que brotam os compromissos ecológicos aos quais somos chamados a assumir. Defender a criação não é discurso passageiro, mas diz respeito à nossa consciência de que o plano original do Criador é um projeto de harmonia que implica uma relação de reciprocidade responsável entre o ser humano e a natureza.

A relação que Deus propôs na criação é de amor recíproco, como uma parceria; é uma promessa de vida plena e esperança de felicidade para toda a humanidade. Seu desejo é de que vivamos integrados às demais criaturas. Em razão disso, é preciso evitar toda forma de compreensão que leve a uma interpretação errada da narrativa bíblica da criação, pois a origem de tudo está em Deus. E nossa resposta a Ele deve ser norteada pela vivência do respeito e do amor ao mundo criado, praticando o bem e a justiça, dando testemunho de reciprocidade em nossas relações diárias, com o mundo criado e com seus semelhantes. Somente quando estabelecemos relações de cuidado e harmonia é que colaboramos com o projeto de Deus para sua criação. De fato, "tudo está inter-relacionado, e o cuidado autêntico da nossa própria vida e das nossas reações com a natureza é inseparável da fraternidade, da justiça e da fidelidade aos outros" (LS, n. 70).

Compreendemos, então, que cada pessoa chamada por Deus deve expressar em suas ações a dignidade recebida, agindo com responsabilidade, tomando decisões livremente para mudar o mundo. Isso implica refazer o nosso projeto pessoal para assumirmos atitudes que favoreçam a vida, sem negligenciar as relações.

Reflexão bíblica de Gênesis 2,4b-25: Este texto é carregado de simbolismo e tem muito a nos dizer. É bom recordar, por exemplo, que este segundo relato da criação (o primeiro está em Gn 1,1-2,4a) faz parte de um gênero literário narrativo que assume a forma de um mito. Calma! Isso não quer dizer que seja mentira, infelizmente nossa compreensão de mito é um pouco distorcida. Na verdade, compreendemos o mito como "o modo que a linguagem humana encontrou para explicar as coisas a partir do Sagrado, de Deus, não importa o tipo de fé e a cultura da qual ele provém (...) o mito jamais desaparecerá, ele é eterno. Precisamos do mito para resistir e viver o drama da vida" (FARIA, 2015, p. 13). O mito aparece em todas as culturas e procura responder às perguntas relacionadas à origem do mundo, da humanidade, do mal etc.

O autor bíblico salienta que, na criação do mundo e da humanidade, Deus se envolve pessoalmente, dedica seu tempo e assume atitudes humanas que demonstram cuidado, proteção, sustento. O ser humano surge de uma vontade divina, e, ao apresentar a criação da Terra, quase como se Deus fosse um oleiro, a narrativa quer mostrar a ligação da humanidade com a Terra, sua casa. Por isso o ser humano deverá cuidar do mundo e de todas as criaturas, entendendo que este lugar é sua casa, onde se realizará como pessoa, como ser em construção e relação.

No relato de Gn 2,4b-25, a questão da origem apresenta duas direções: origem da humanidade e do mundo. De fato, percebe-se que a criação da natureza é em vista da criação da humanidade, enquanto o mundo paradisíaco onde a humanidade é colocada refere-se ao sonho de Deus, isto é, à harmonia e paz.

Se prestarmos atenção aos símbolos presentes na narrativa de Gn 2,4b-25, perceberemos que no projeto de Deus para a humanidade e a criação reinam a harmonia, o cuidado e o respeito. Ser humano e natureza estão em relação de dependência e ajuda mútuas. Ao colocar o ser humano no jardim para dele cuidar, Deus nos convida a colaborar com sua obra e nos cuidarmos com respeito e atenção, pois nossa origem é uma só: a vontade amorosa d'Ele.

Depois de ler a fundamentação, reflita um pouco. Para ajudá-lo, responda às questões:

1. Deus deu como tarefa a homens e mulheres de todos os tempos cuidar da Terra e de todas as suas criaturas. O que faço concretamente em benefício da obra criada por Deus?

2. Procuro conscientizar meus catequizandos deste compromisso com o plano harmonioso de Deus para sua obra?

O ENCONTRO

MATERIAIS

- Fita crepe/adesiva para marcar o chão.
- Cartaz escrito: "Deus nos chama para colaborar com seu plano e cuidar de sua obra".
- Desenho de dois "X", um verde e um vermelho, ou outro símbolo de "certo" e "errado".
- Recortes de imagens, ou fotos, que abordem os seguintes temas: pessoas maltratadas/pessoas sendo cuidadas; desmatamento/ár-

vores sendo plantadas; queimadas/pessoas cuidando da natureza; crianças abandonadas/crianças sendo cuidadas; animais maltratados/animais sendo cuidados; guerras/pessoas celebrando a paz; rios poluídos/ação em prol da conservação de rios e nascentes; fábricas que poluem/espaços arborizados e canteiros de flor em centros urbanos.

PARA INICIAR O ENCONTRO

- Antes de acolher os catequizandos, desenhe no chão um quadro de fita adesiva e divida-o em duas colunas. Organize o espaço para que os catequizandos se acomodem ao redor do quadro desenhado e espalhe as imagens misturadas próximo ao desenho.
- Destaque o tema do encontro. Mostre para eles o cartaz com a frase escrita e coloque-o no chão, perto do quadro desenhado.
- Motive para que pensem no que significa colaborar com Deus.

CRESCER COM A PALAVRA

✝ Convide para que acompanhem a leitura de Gn 2,4b-25.

✝ Após a leitura, encaminhe-os para a atividade 1 do livro do catequizando. Ajude-os a descrever o passo a passo da criação. Para isso, eles devem ler os versículos indicados no livro e descrever a ação realizada em cada um deles. Aqui apresentamos o gabarito, porém não se trata de respostas certas ou erradas, e sim de sugestões para ajudar na atividade:

- Gn 2,7: Deus cria o homem.
- Gn 2,8: Deus planta um jardim.
- Gn 2,9: Deus decora a Terra, casa da humanidade.
- Gn 2,15: Deus conduz o homem ao jardim para cultivar e cuidar.
- Gn 2,19: Deus cria os animais.
- Gn 2,22: Deus cria a mulher.
- Gn 2,23: Homem e mulher se reconhecem como iguais.

- ✝ Após a atividade, incentive-os a partilhar as respostas que registraram.
- ✝ Peça que se aproximem do desenho no chão e olhem as imagens, lendo o que está escrito no cartaz.
- ✝ O catequista explica que o projeto de Deus é que sejamos seus colaboradores, porém nem sempre isso acontece.
- ✝ Oriente-os a olhar as imagens e organizá-las dentro das colunas: o "X" verde é para o certo, o "X" vermelho para o errado. Ajude-os a montar o quadro de maneira correta.
- ✝ Depois que as imagens estiverem organizadas, motive-os a expressar o que entenderam do quadro.
- ✝ Oriente-os a registrar uma conclusão individual, na atividade 2, sobre o que significa dizer que Deus nos chama para colaborar com seu plano e cuidar de sua obra.

CRESCER NO COMPROMISSO

- Retome com eles o quadro com as imagens organizadas e questione se as atitudes ali representadas inspiram algum compromisso.
- Oriente-os na escolha de uma ação pessoal, que ajude a colaborar no cuidado com a criação.

CRESCER NA ORAÇÃO

- Motive-os para a oração a partir do texto sobre São Francisco, que está no livro do catequizando.
- Convide-os a rezar, juntos, o *Cântico das Criaturas*.

12 EM DEFESA DA VIDA

Objetivo

Identificar os elementos que caracterizam os diversos tipos de morte em nossa sociedade para assumir a defesa da vida.

LEITURA ORANTE

- Como passo importante para o preparo do seu encontro, faça um momento de leitura orante do texto: Mt 5,21-25.

- Propomos também que durante a semana, até o dia do encontro, realize a seguinte oração:

  Senhor e defensor da vida, ajude-me a valorizar a vida em sua grandiosidade e beleza. Dá-me a coragem de ser profeta optando, juntamente com vossa Igreja, pela defesa de uma vida digna para todos. Amém.

FUNDAMENTAÇÃO PARA O CATEQUISTA

O quinto mandamento da Lei de Deus proíbe qualquer tipo de atentado contra a vida. Deus, autor da vida, deu-a a cada ser humano como dom sagrado que ninguém tem o direito de desrespeitar. Ela deve ser defendida e protegida como prioridade em quaisquer circunstâncias.

Jesus é o grande modelo de defensor da vida com qualidade e dignidade: "Eu vim para que todos tenham vida, e a tenham em abundância" (Jo 10,10). Ele nos ajuda a ver que a ordem para não matar ultrapassa simplesmente evitar fazê-lo. Contra a vingança, comum no Antigo Testamento, Ele propõe o perdão. Sua pregação era um conjunto de ações em prol da vida: acolhia o povo abandonado e marginalizado; alimentava os famintos; curava os doentes de corpo e os doentes de espírito, que tinham o sofrimento interior a consumi-los; perdoava os pecados, pois estes matam a alma; e denunciava as injustiças.

Os atentados contra a vida são muitos. Dentre eles, destacamos:

A cólera contra o próximo (cf. CIgC, n. 2302-2306): Mortes violentas provocadas por ódio, intolerância e abuso de força – homicídio, feminicídio, infanticídio, genocídio, tortura física e psicológica, entre outros.

Nos diz a Bíblia: "Amai vossos inimigos e orai pelos que vos perseguem" (Mt 5,44).

O aborto provocado (cf. CIgC, n. 2270-2275): Os cristãos entendem que, desde o momento da concepção, há no ventre materno uma pessoa humana que merece o respeito de um ser criado à semelhança de Deus. Todos os tipos de aborto provocado, portanto, são condenáveis independentemente do tempo de gestação. Devemos considerar que o grande argumento de que a mulher tem direitos sobre o seu corpo fere os direitos da pessoa humana em seu ventre. Um cristão não deve ser somente "pró-nascimento", mas ser pró-vida, e, como Jesus, promovê-la, ajudando para que os problemas sociais e morais que levam mulheres a abortar sejam solucionados.

Nos diz a Bíblia: "Antes que no seio fosses formado, eu já o conhecia; antes do seu nascimento, eu já o conhecia" (Jr 1,5).

A eutanásia (cf. CIgC, n. 2276-2279): Consiste em interromper a vida de idosos, doentes e moribundos que poderiam ainda viver por mais tempo.

Nos diz a Bíblia: "Para tudo há um momento, há um tempo para cada coisa debaixo do céu. Tempo de nascer e tempo de morrer" (Ecl 3,1-2).

O desrespeito à saúde (cf. CIgC, n. 2288-2291): Cabe a cada pessoa cuidar da saúde física com equilíbrio, não ser negligente com o próprio corpo nem promover culto a ele para atender a padrões estéticos.

Todos os excessos são condenáveis – abuso de comida, álcool, drogas e entorpecentes, privação de sono, vício em jogos eletrônicos (cf. Classificação Internacional de Doenças 11, da Organização Mundial de Saúde). A temeridade, que significa ausência de medo e prudência, coloca em risco a vida por abuso de velocidade e desrespeito às leis de trânsito. A sociedade como um todo precisa participar do processo de cuidados com a saúde, pois há que se levar em conta o bem comum e a promoção das condições básicas de vida: alimentos, vestuário, moradia, saneamento básico, educação, emprego, assistência social e segurança.

Nos diz a Bíblia: "Ou não sabeis que vosso corpo é templo do Espírito Santo que está em vós e que recebestes de Deus, e que, portanto, vós não vos pertenceis?" (1Cor 6,19).

Jesus se posicionou firmemente contra tudo o que feria a dignidade da vida. A seu exemplo, todo cristão é convidado a sempre lutar pela vida diante da estrutura de morte que existe em nossa sociedade. Temos a esperança em Deus, doador da vida, que não deseja que ninguém se perca, mas que ressuscite no Último Dia (cf. Jo 6,39).

Reflexão bíblica de Mateus 5,21-25: No Oriente, durante muito tempo, a lei que discorria sobre crimes era a Lei de Talião: "Olho por olho, dente por dente". Uma rápida passada por ela e podemos perceber que as punições não eram exatamente iguais. Dependendo de quem era o dono do olho ou do dente, as penas sofriam variações. Mulheres tinham punições mais severas que os homens, pessoas livres e escravos também não usufruíam dos mesmos direitos. Com as leis entregues a Moisés, percebemos uma grande evolução: "Não matarás!". A esta nova lei não está acrescida nenhuma palavra após a ação. É simples e universal: "Não matarás ninguém".

Sabemos que Jesus confronta os doutores da lei por seus contra-testemunhos. Eles cobravam o cumprimento rigoroso da lei, mas não a praticavam. Acusavam constantemente Jesus de infringir as leis e tentavam pegá-lo em flagrante. No Sermão da Montanha, Jesus apresenta as leis do Reino. Não suprime as leis antigas, mas as coloca no coração e na razão. Qualquer lei que não passe pelo amor, pela misericórdia, pela justiça, pela reta intenção do coração, está desviada de sua finalidade.

Jesus não vem abolir a lei, mas quer ressignificá-la. Propõe que se vá à origem do mal. A ordem para "não matar" mostra o firme propósito de defender a vida de todos, mas Jesus nos convoca a olhar para as atitudes interiores, onde nasce o desejo de matar. A raiva, a ofensa, a inveja, o rancor podem conduzir a ações graves, basta lembrar Caim que, alimentando a maldade em seu coração, matou o irmão (cf. Gn 4,5). Hoje, pode nos parecer ofensa simples chamar alguém de "patife" ou "tolo" (em algumas traduções, lê-se "inútil", "sem miolos"), mas o uso dessas expressões mostra um insulto grave porque nega à pessoa ofendida a capacidade de compreender; expressam rancor, inveja e sentimento de superioridade, o que conduz a ações mais graves.

Jesus é a perfeição da lei porque a mantém, porque vai à origem do mal e porque propõe a prevenção através da atitude positiva da reconciliação. Com o hábito de pedir perdão e perdoar, não se alimenta o mal no coração.

Depois de ler a fundamentação, reflita um pouco:

1. Como você reage às situações de desrespeito à vida que acontecem ao seu redor?

O ENCONTRO

MATERIAIS

- Um vaso com planta bem viva e bonita.
- Um vaso com planta murcha ou seca.
- Arrume-os em uma mesa ou no centro da sala, sobre um tecido colorido.
- Coloque a Bíblia entre os vasos, um pouco mais elevada.

✓ Fichas com os tipos de morte e crimes escritos separadamente:

Homicídio	Feminicídio
Uso de drogas	Privações de comida, moradia, segurança e sono
Vício em jogos	Genocídio
Direção perigosa	Comer em excesso
Tortura	Aborto
Infanticídio	Abuso sexual
Abuso de álcool	Eutanásia

✓ Ficha com as categorias de crimes que levam à morte, escritos separadamente:

Contra si mesmo
Contra o próximo
Contra indefesos e incapazes

✓ Fichas com os versículos bíblicos que valorizam a vida, escritos separadamente:

> "Eu vim para que todos tenham vida, e a tenham em abundância." (Jo 10,10)
>
> "Amai vossos inimigos e orai pelos que vos perseguem". (Mt 5,44)
>
> "Antes que no seio fosses formado, eu já o conhecia; antes do seu nascimento, eu já o conhecia." (Jr 1,5)
>
> "Para tudo há um momento, há um tempo para cada coisa debaixo do céu. Tempo de nascer e tempo de morrer." (Ec 3,1s)
>
> "Ou não sabeis que vosso corpo é templo do Espírito Santo que está em vós e que recebestes de Deus, e que, portanto, vós não vos pertenceis?" (1Cor 6,19)

✓ Fichas em branco, para que escrevam possíveis soluções à violência que gera a morte.

PARA INICIAR O ENCONTRO

- Inicie o encontro dizendo que a vida é um dom de Deus e a ninguém cabe tirá-la, ameaçá-la ou desrespeitá-la. Este é nosso compromisso diante de Deus.

CRESCER COM A PALAVRA

- Convide-os à leitura do texto de Mt 5,21-26.
- Conduza-os para as reflexões propostas no livro do catequizando.
- Esclareça que Jesus aponta a causa da violência que gera a morte e encaminha para o perdão e a misericórdia.
- Realize a dinâmica dividindo-os em pequenos grupos.
   - Distribua as fichas com os tipos de morte e crimes escritos. Peça que definam o significado de cada um deles.
   - Enquanto discutem, coloque na frente do vaso seco as três categorias de crimes que levam à morte.
   - Cada subgrupo deverá apresentar aos demais o crime e o significado dele, depois colocar diante da categoria à qual pertencem.
   - Sugere-se acompanhar o que dizem e fazer correções ou complementações necessárias.
   - Peça que se reúnam novamente com seus grupos e apresentem possíveis ações que reverteriam o quadro de morte em vida. Lembre-os de que Jesus não era um juiz apontador de pecados, mas um promotor de vida com dignidade. Solicite que escrevam nas fichas e coloquem em frente à planta que representa a vida. Depois, motive-os a conversar sobre as ações apresentadas pelos grupos.
   - No chão, disponha as fichas com os versículos bíblicos que mostram o que nos diz a Palavra de Deus sobre a vida. Peça que um voluntário pegue uma ficha e escolha uma categoria de crimes para colocá-la, justificando a escolha em seguida.
- Após a dinâmica, oriente a realização da atividade 2. Convide-os a compartilhar a síntese e, se necessário, ajude-os em possíveis equívocos.

CRESCER NO COMPROMISSO

- Oriente para que o grupo, através de suas redes sociais pessoais, realize uma campanha de valorização da vida durante alguns dias. Para isso, podem escrever e encaminhar mensagens a outros jovens alertando-os sobre o valor que a vida de cada pessoa tem, de modo que merece respeito e cuidado.

CRESCER NA ORAÇÃO

- Crie um momento de silenciamento com música instrumental e peça aos catequizandos que fechem os olhos. A seguir, convide-os a meditar sobre o que conversaram no encontro.

- Estimule-os a fazer preces espontâneas, pedindo pelas vítimas da violência, da fome, de guerras e de todas as formas de desrespeito à vida.

- Cada catequizando faz sua prece, e um deles deve segurar nas mãos a planta viva que estava ao lado da Bíblia. Após cada prece, pode ser cantado o refrão: *"Eu vim para que todos tenham vida, que todos tenham vida permanente!"* (KOLLING, 2004, p. 49).

Anotações

SOMOS CONSTRUTORES DA PAZ   13

Objetivo

Compreender que a condição de paz é a expressão da vivência dos valores evangélicos produzidos pela solidariedade, fraternidade, respeito e amor.

LEITURA ORANTE

- Como passo importante para o preparo do seu encontro, faça um momento de leitura orante do texto: 1Pd 3,8-16.
- Propomos também que durante a semana, até o dia do encontro, realize a seguinte oração:

  Jesus, manso e humilde de coração, fazei-nos promotores da paz em nossas casas, em nosso trabalho e em nossa comunidade. Amém.

FUNDAMENTAÇÃO PARA O CATEQUISTA

Se retrocedermos na história, perceberemos que ela está sempre permeada pela condição de guerra entre pessoas, nações e países. Em meio a esses conflitos, quase sempre encontramos disputas por poder e questões econômicas. Sobre essas disputas, é importante observarmos que a incompreensão das diferenças culturais (raça, religião, costumes) motivou muitas delas.

Milênios se passaram desde o desenvolvimento das civilizações e, apesar de uma aparente evolução, as guerras permanecem latentes em nossa sociedade. Quando desviada de sua finalidade última – a felicidade em Deus –, a humanidade apega-se a si mesma e sofre.

A palavra "paz" exprime vários significados, e todos eles precisam ser compreendidos. Paz significa espírito equilibrado e sereno (âmbito pessoal); ausência de perturbações e agitações (âmbito social); ausência de violência e de guerras (âmbito mundial). A paz precisa ser cultivada em cada indivíduo para o bem pessoal, que deve levá-lo ao bem comum. Por isso "ser" humano só é possível vivendo em grupo.

Por bem comum entendemos o conjunto das condições da vida social que permitem aos indivíduos e grupos atingirem a perfeição, através da vivência de direitos e deveres que dizem respeito a todo o gênero humano (cf. GS, n. 26). Entre esses direitos e deveres, podemos citar: o respeito à pessoa como indivíduo livre e consciente; o respeito ao grupo, proporcionando o que lhe é de igual direito – alimento, vestuário, saúde, trabalho, educação e cultura –; a paz, "uma ordem justa, duradoura e segura da sociedade e de seus membros" (cf. CIgC, n. 1905-1909).

É comum, entretanto, notarmos uma supervalorização do individual sobre o bem comum. A necessidade de consumir sem limites leva-nos ao individualismo e à descaracterização de nossos valores, como se concluíssemos: "Só sou se tenho; só tenho se compro; só compro se for melhor do que os outros". Assim já temos a guerra. Na contramão desse isolamento de consumo, as pessoas querem cada vez mais vincular-se a grupos que defendem sua forma egocêntrica de pensamento, o que provoca o surgimento de grandes expressões de agressividade carregadas de insultos, difamação e xingamentos que desfiguram o outro. Os dispositivos móveis e o acesso irrestrito às mídias sociais criaram um espaço de agressividade (cf. FT, n. 44). Agora declaramos ódios virtuais e guerreamos com o simples toque de um dedo. E engana-se quem pensa que, ao menos assim, não temos morte nem destruição. Agora se mata a honra, o caráter, a alma das pessoas.

O Catecismo da Igreja Católica (n. 2304) lembra que "o respeito e o desenvolvimento da vida humana exigem a paz", e que ela "não pode ser obtida na terra sem a salvaguarda dos bens e das pessoas, sem a livre comunicação entre os seres humanos, o respeito pela dignidade das pessoas e dos povos, a prática assídua da fraternidade".

Promover a paz é dever cristão, pois ela reflete na Terra a imagem do Cristo que em momento algum fomentou guerra.

Há guerras em toda parte, e é lamentável que por trás das mais violentas de hoje ainda encontremos os mesmos e velhos motivos. O Papa Francisco lembra que: "Toda a guerra deixa o mundo pior do que o encontrou. A guerra é um fracasso da política e da humanidade, uma rendição vergonhosa, uma derrota perante as forças do mal" (FT, n. 261). O mal está presente na origem de todas as guerras. Jesus nos convida a escolher a paz, porque é nela que mora o amor.

Reflexão bíblica do texto de 1Pedro 3,8-16: Fraternidade, harmonia dos corações, humildade, misericórdia, perdão, amabilidade ao se relacionar com as pessoas, fugir do mal para buscar a paz... De acordo com o que vimos na Carta de Pedro, essas atitudes são essenciais à prática dos ensinamentos de Jesus. Em sua carta, nos versículos de 10 a 12, Pedro cita o Salmo 34, mostrando que os salmos já haviam sido incorporados como oração e orientação para os primeiros cristãos, e que o conselho do passado é fundamental para a harmonia das novas comunidades. Para nós do século XXI, o texto torna-se um apelo urgente.

Diante das ameaças que sofrem os primeiros cristãos, Pedro os anima à prática do bem e do amor fraterno. Não é possível ser cristão sozinho e isolado. É preciso compromisso com a comunidade. Agir no impulso de defender a honra ferida com maldade e violência só pode desviar o cristão do bem. Daí o convite para imitar Cristo, que sofreu pela justiça e se manteve santo diante da tribulação. Cultivar a esperança é o que confunde os perseguidores do tempo de Pedro e os causadores das guerras de hoje. Diante do caos, é difícil explicar de onde vem tanta esperança, mas, se necessário fazê-lo, faça-o como o próprio Jesus faria.

Apesar de toda a liberdade que julgamos ter conquistado na atualidade, ainda há muitos conflitos gerados por questões religiosas; e ainda há muitos cristãos perseguidos por conta da fé em Jesus Cristo.

Depois de ler a fundamentação, reflita um pouco. Para ajudá-lo, apresentamos algumas questões:

1. Você é promotor da paz ou um semeador da discórdia?
2. A leitura orante, que é um momento de pacificação e intimidade com Deus, tem feito de você uma pessoa melhor?
3. Você tem guardado sua língua do mal e espalhado palavras gentis?

O ENCONTRO

MATERIAIS

- ✓ Três cartolinas ou outro papel de tamanho semelhante.
- ✓ Pincel hidrográfico para cada grupo escrever.

PARA INICIAR O ENCONTRO

- Explore o texto introdutório do livro do catequizando e comente um conflito ou uma guerra que esteja ocorrendo no momento (pesquise o assunto para ter argumentos): motivos, quem são os envolvidos, o que os conflitos estão provocando...

- A seguir, destaque a situação de paz e exemplifique os seus benefícios. Se possível, apresente situações históricas em que a paz mudou a vida de pessoas, povos, cidades, bairros. Aproprie-se de algo preferentemente da realidade local dos catequizandos.

CRESCER COM A PALAVRA

- ✝ Explique que, como todas as outras nações do mundo, o povo judeu também esteve envolvido em muitas guerras.

- ✝ Explore o fato de que Jesus condena toda forma de violência, mas sofre com ela até morrer na cruz. Diante de toda essa violência, Jesus reage com a misericórdia. Sua ressurreição mostra a vitória d'Ele sobre a violência e a morte, trazendo-nos o exemplo de como agir para estar em paz e harmonia com todos.

- ✝ Convide-os à leitura do texto 1Pd 3,8-16. Peça que leiam silenciosamente uma vez e, a seguir, ouçam a leitura que você fará.

- ✝ Encaminhe-os para as reflexões propostas no livro do catequizando, na atividade 1.

- ✝ Diga aos catequizandos que o mundo hoje ainda vive em grandes situações de conflito. Divida-os em três grupos e, a cada grupo, dê a cartolina com o estudo que devem fazer.
  - **Grupo 1:** Quais os principais motivos para que as guerras ainda aconteçam no mundo?
  - **Grupo 2:** Quais são as consequências desses conflitos para os envolvidos e para a humanidade como um todo?
  - **Grupo 3:** O que é preciso para acabar com as guerras?
- ✝ Ao terminarem, peça que cada grupo partilhe suas respostas. Reflitam juntos sobre a coerência das respostas, mesmo que cada grupo tenha analisado somente um aspecto do mesmo problema.
- ✝ Alerte-os para o fato de que:
  - Os motivos de grandes conflitos são também motivos para nossas guerras pessoais e interiores.
  - Algumas consequências das guerras se estendem a pessoas e lugares que não estão envolvidos diretamente nelas.
- ✝ Oriente-os para o registro na atividade 2.
- ✝ Motive-os para elaborar uma oração na atividade 3.

CRESCER NO COMPROMISSO

- Convide-os a observar a imagem do Papa Francisco. Pergunte se já viram a cena. Explique como a pandemia do Coronavírus (2019-2022) trouxe inquietação diante do novo, mas igualmente apresente os aspectos positivos dela.
- Oriente-os ao compromisso proposto, de acordo com o livro do catequizando, e coloque de fundo a canção *Sonho de paz*, de Missão Mensagem Brasil (Álbum *Mensagens e canções que transformam vidas*, 2003).

CRESCER NA ORAÇÃO

- Motive-os para a oração e explique que ela está no final da carta encíclica *Fratelli Tutti*, do Papa Francisco, publicada em 03 de outubro de 2020.
- Ao final da oração, convide-os a cantar o refrão da canção *Sonho de paz*.

14 NOSSO "SIM" A UM VIVER DIFERENTE

> **Objetivo**
> Compreender que viver diferente é conformar-se a Cristo e colocar-se a serviço do próximo.

LEITURA ORANTE

- Como passo importante para o preparo do seu encontro, faça um momento de leitura orante do texto: Fl 2,1-11.

- Propomos também que durante a semana, até o dia do encontro, realize a seguinte oração:

  Pai de misericórdia, conceda-me, por intercessão dos santos, a força e a coragem para seguir seu caminho, colocando-me a serviço do Reino, transformando-me, a cada dia, numa pessoa melhor. Amém.

FUNDAMENTAÇÃO PARA O CATEQUISTA

Deus, que habita em nós, nos fez criaturas semelhantes a Ele. Plantou em nosso coração inúmeras qualidades, talentos e dons que nos permitem reconhecê-lo como o melhor Pai do mundo.

Se nós recebemos de graça essas qualidades, isso significa que podemos oferecer algo de nós a fim de fazer nosso semelhante feliz. Para isso é preciso que cada um reconheça essas qualidades em si mesmo, pois quem não as percebe não pode se doar.

Jesus, rosto do Pai entre nós, era assim. Colocou-se todo a serviço da humanidade e nos pede o mesmo com o mandamento do amor. Afinal, sem estar a serviço do irmão, sem amá-lo como Cristo amou, não se pode estar em Deus.

Jesus é o homem perfeito e, em todas as suas ações, mostra-se como o nosso modelo. Não hesitou em abaixar-se para lavar os pés dos seus amigos, deixando-nos este exemplo para imitar. Mostra-nos como orar e como aceitar as dificuldades e as perseguições (cf. CIgC, n. 520). Encontramos n'Ele o modelo das bem-aventuranças e a norma da nova lei: "Amai-vos uns aos outros como eu vos amei" (Jo 15,12). Este amor implica a oferta efetiva de nós mesmos. Conformados a Cristo, conformamos também as estruturas deste mundo ao Reino de Deus.

É preciso despertar, portanto, a consciência de que, quando saímos de nós mesmos e vamos ao encontro do outro, deixamos de buscar a nossa felicidade individual para buscar a felicidade de nossos irmãos. Uma vida assim é possível, por mais que pareça contraditória com os valores que o mundo nos apresenta. É possível viver diferente e, assim, ser muito feliz a exemplo de como Jesus foi; pois a felicidade está justamente em ser diferente como Ele.

Reflexão bíblica de Filipenses 2,1-11: Todo batizado, todo cristão, é chamado a "conformar-se" a Cristo, isto é, a assumir a forma de Cristo na sua humanidade e na sua santidade, movido pelo Espírito Santo a ponto de tornar-se um outro Cristo, ou seja, ser e viver da mesma forma que Cristo "é e vive".

O texto em questão nos faz lembrar da discussão dos discípulos sobre quem era o maior (Lc 22,24). O conselho de Paulo segue o modelo de Cristo: "Não façam nada por competição pelo desejo de receber elogios, mas com humildade, cada um considerando os outros superiores a si mesmos" (Fl 2,3). Paulo nos convida a um esvaziamento de nós mesmos, a exemplo de Cristo.

Encontramos no texto um antigo hino de louvor, chamado de hino cristológico, que exalta o fato de que Jesus, que tem a forma do Pai, renuncia a sua condição de Deus para servir à humanidade. Esvaziando-se de si, Jesus quer nos elevar à condição divina. Ele parte do Pai e, entre nós, faz-se obediente a Deus até a morte na cruz, logo voltando para o alto na condição de Senhor; por isso seu nome será exaltado acima de todos.

Depois de ler a fundamentação, reflita um pouco. Para ajudá-lo, apresentamos algumas questões:

1. Sua vida e sua missão de catequista estão conformadas a Cristo?
2. O Cristo que você apresenta na catequese é o Filho de Deus feito homem, modelo de serviço e de amor, ou é o Cristo dos seus interesses?

O ENCONTRO

MATERIAIS

✓ Casaco, ou blusa, dos seguintes tamanhos: uma peça para criança e uma peça de adulto (a maior que conseguir).

PARA INICIAR O ENCONTRO

- Comece conversando sobre os sonhos, anseios e desejos que todas as pessoas têm. Comente que eles são diferentes em cada pessoa, mas certamente apresentam em comum o desejo da felicidade.
- Sabemos também que cada um estabelece critérios de escolhas e prioridades diferentes para realizar seus sonhos, sendo comum escolher modelos de pessoas como parâmetros de vida.
- Não há problema nessas diferenças, mas nosso agir deve estar voltado para Deus, conforme nos mostra Jesus Cristo.

CRESCER COM A PALAVRA

✝ Ler o texto do encontro: Fl 2,1-11.

✝ Oriente-os para uma segunda leitura, destacando o fato de que, a partir do versículo 5, o texto adquire a estrutura de um hino. Hino é aquilo que cantamos para mostrar admiração por alguém ou alguma coisa. Exemplifique citando hinos nacionais, hino de times de futebol, hinos de louvor nas celebrações...

✝ Explique que você irá ler o texto até o versículo 4 e então, juntos, lerão em voz alta a partir do versículo 5.

✝ Encaminhe as reflexões do livro do catequizando e auxilie-os na atividade 1.

✝ Oriente a dinâmica:
- Coloque as peças de roupa sobre a mesa e peça para um catequizando tentar vesti-las: primeiro a menor e depois a maior.
- Solicite que o grupo observe as dificuldades e facilidades do catequizando em se ajustar à peça. Sugere-se convidar outros catequizandos para tentarem vestir as peças de roupa.
- A intenção é que percebam que a mesma peça se ajusta em alguns, mas em outros não. Questione o motivo dessa diferença. Solicite que observem que a roupa que estão vestindo ajusta-se melhor, pois é do tamanho correto.

- Ao catequizando que tentou vestir as roupas de tamanhos diferentes, pergunte como ele se sentiu. Comente que nosso corpo muda, de modo que as roupas precisam se adequar a ele. Destaque que, quando uma roupa não nos serve, procuramos opções maiores ou menores.
- Relacione a dinâmica com o texto bíblico. Explique que a roupa toma a forma do nosso corpo, e não o contrário. Precisamos escolher modelos adequados, caso contrário teremos de fazer tantos ajustes que acabaremos por deformar a roupa ou o corpo. No caso do texto bíblico, Paulo apresenta Jesus como modelo para a nossa vida e convida a nos ajustarmos a Ele, vivendo como Ele nos inspira.
- Quando escolhemos um modelo para seguir que não é bom para nós, acabamos por perder nossa autenticidade. A proposta de Jesus nos ajuda a crescer, e não nos diminui, para que possamos entrar em um projeto que nos fará bem.
- Jesus nos convida a conformar nosso viver aos valores de Deus. Isso implica servir as pessoas com nossos talentos e particularidades, renunciando alguns caprichos pelo bem de todos. Somos convidados a nos tornar como uma massa maleável (barro na mão do oleiro) que se ajusta ao que é bom e amável.
- Convide os catequizandos para realizarem a atividade 2, proposta no livro.

CRESCER NA ORAÇÃO

- Como oração, façamos juntos a leitura do hino em Fl 2,5-11. Lembre-os de rezá-la em casa durante a semana.
- Conclua rezando: *Glória ao Pai, ao Filho e ao Espírito Santo, como era no princípio, agora e sempre. Amém.*

CRESCER NO COMPROMISSO

- Oriente os catequizandos a realizarem o seguinte compromisso durante a semana: nas redes sociais, verificar se as personalidades que eles seguem são exemplos cristãos e se, nas preferências deles, há páginas religiosas, de estudos bíblicos ou canais de evangelização. Este compromisso deve ser vivido sob a supervisão de seus pais ou responsáveis, seguindo as regras da família sobre o uso das redes sociais. Incentive-os a inscrever-se no *site*, ou canal, da paróquia ou diocese para estarem cada dia mais conformados a Cristo e aos valores do seu Evangelho.

COLABORADORES DE DEUS

Proposta para encerramento do bloco, antes da celebração.

OBJETIVO: Conscientizar os catequizandos da necessidade de agir em defesa da vida humana e da natureza.

QUANDO: Sugerimos que o momento seja realizado ao final do bloco 3, como ação concreta da reflexão sobre a relação com o mundo criado.

COMO DESENVOLVER:

- Escolha com o grupo uma das seguintes ações:
  - Preparar uma mensagem de conscientização sobre o valor da vida: convidar profissionais da área da saúde física e espiritual, para que possam falar sobre a vida.
  - Preparar uma ação ambiental: conseguir mudas de árvores e distribuir a outros grupos de catequese com uma mensagem sobre a proteção do meio ambiente.
  - Preparar uma encenação do *Cântico das Criaturas*: convidar as famílias do catequizandos para um momento de confraternização e ensaiar uma dramatização do *Cântico das Criaturas*, de São Francisco de Assis (o cântico pode ser encontrado no item *Crescer na oração* do encontro 11).

LEMBRETE

Solicite aos catequizandos que, para o Encontro Celebrativo, tragam fotos deles e de pessoas (familiares, amigos...) que marcaram suas vidas positivamente. Avise que as fotos serão devolvidas ao final do encontro.

EU VIM PARA QUE TENHAM VIDA

15

Encontro celebrativo

Objetivo

Celebrar o dom da vida criada e amada por Deus.

LEITURA ORANTE

- Como passo importante para o preparo do seu encontro, faça um momento de leitura orante do texto: Jo 10,1-11.

FUNDAMENTAÇÃO PARA O CATEQUISTA

O objetivo deste momento é celebrar a vida, que foi tema nos encontros deste bloco. Por isso valorize a vida criada, a vida que precisa ser defendida, a vida que deve ser preservada das guerras e vivida como seguidor de Cristo, o Bom Pastor.

O texto bíblico proposto para o encontro celebrativo fala da vida que nos é dada por Jesus, o Bom Pastor, aquele de quem as ovelhas conhecem a voz, pois Ele caminha com elas. O contrário do bom pastor nos é apresentado pela figura do ladrão, aquele que rouba e tolhe a vida das ovelhas.

Carregado de simbolismos e figuras de linguagem, o texto nos leva a refletir sobre o dom da vida que só podemos encontrar ao lado de Jesus. Por isso a vida se configura como um dom, e só pode encontrar sua plenitude ao lado de Jesus, o verdadeiro Pastor que nos leva por caminhos seguros e nos indica atitudes que promovem a vida ao nosso redor.

Ao reconhecer que a vida é um dom, percebemos também o compromisso de defendê-la. Para isso é preciso cuidar das pessoas e da natureza, reconhecendo nosso compromisso com o Bom Pastor que nos garante a vida em abundância.

AMBIENTAÇÃO

- Prepare o espaço do encontro com tecidos coloridos, vasos com plantas e flores, água em recipiente transparente, vela e Bíblia.
- Espalhe fotos ou imagens de pessoas em idades diferentes (bebês, crianças, jovens, adultos e idosos).
- Quando os catequizandos chegarem, solicite que coloquem as fotos que trouxeram junto com as que você já espalhou.

ACOLHIDA

Canto

Catequista: Amados e amadas de Deus, hoje nós estamos reunidos para agradecer e louvar ao Senhor pela vida que, generosamente, brotou de suas mãos. Iniciemos esta celebração invocando a Santíssima Trindade: em nome do Pai e do Filho e do Espírito Santo (pode ser cantando).

Todos: Amém.

Catequista: Peçamos as luzes do Espírito Santo para celebrarmos este momento, rezando:

Todos: *Vinde, Espírito Santo, enchei os corações dos vossos fiéis...*

Catequista: "Os céus narram a glória de Deus, e o firmamento proclama as obras de Suas mãos" (Sl 19,2).

Todos: Em tudo seja louvado o nome do Senhor.

ATO PENITENCIAL

Catequista: Por causa do pecado, nossa vida é limitada, mas Jesus veio oferecer a vida eterna a todo aquele que n'Ele crer.

Leitor 1: Deus criou o mundo com perfeição e harmonia, e o entregou a nós para nele vivermos e dele cuidarmos, mas a ganância e o egoísmo nos afastam da missão de colaboradores de Deus em defesa da criação e da vida.

Todos: *Perdoe-nos, Senhor, por não cuidarmos da criação.*

Leitor 2: Deus criou o ser humano à sua imagem e semelhança, enchendo-o de amor e desejando sua felicidade plena. A vida é o maior presente que Deus nos deu. Cuidar da vida de cada pessoa e da nossa própria é um compromisso que devemos assumir todos os dias por amor a Deus.

Todos: *Perdoe-nos, Senhor, por não cuidarmos da vida humana!*

Leitor 1: Deus é o Senhor da paz. Ele quer que tenhamos paz e sejamos promotores dela em todos os lugares por onde formos, mas por vezes somos semeadores da discórdia e não nos importamos com a dor dos irmãos que sofrem.

Todos: *Perdoe-nos, Senhor, por não promovermos a paz no mundo.*

Leitor 2: Vivemos um tempo em que muitos cristãos fogem daquilo que a Igreja ensina através do Sagrado Magistério, da Tradição e das Escrituras, escolhendo viver os valores do mundo e se esquecendo dos valores do Reino.

Todos: *Perdoe-nos, Senhor, pelas vezes que nos esquecemos de seguir seus ensinamentos!*

Catequista: Oremos.

Todos: *Tende compaixão de nós, Senhor, por nossas limitações. Voltai a nós vossa misericórdia e dai-nos seu perdão, que nos renova e nos anima a viver.*

EXORTAÇÃO AO LOUVOR DE DEUS – SALMO 95(94)

Catequista, lembre-os de que os salmos são hinos usados como orações e louvores a Deus.

Todos: Vinde! Cantemos com júbilo ao Senhor, aclamemos a rocha que nos salva!

Vamos à sua presença com ação de graças, aclamemo-lo com hinos de louvor!

Pois o Senhor é um grande Deus, um grande rei acima de todos os deuses.

Em sua mão estão as profundezas da terra; os cumes dos montes lhe pertencem.

Dele é o mar, foi Ele quem o fez, e a terra firme, que suas mãos formaram. Vinde!

Vamos inclinar-nos e prostrar-nos, fiquemos de joelhos diante do Senhor que nos fez!

Porque Ele é o nosso Deus, nós somos o povo de seu pastoreio, as ovelhas conduzidas por sua mão.

Canto: Para aclamar a Palavra.

PROCLAMAÇÃO DA PALAVRA

Leitor: Vamos ouvir o Evangelho segundo São João 10,1-11.

REFLEXÃO SOBRE A PALAVRA

Após a leitura do texto bíblico, promova um momento de silêncio para meditar a Palavra.

Oriente para que os catequizandos falem em voz alta uma palavra do texto bíblico.

Conduza a meditação lembrando-os dos temas abordados no bloco: a defesa da criação, da vida e da paz, assim como a proposta de um viver conformado à vida de Cristo.

Destaque que, para termos acesso à vida, é preciso ouvir a voz do Bom Pastor, pois Ele conhece as ovelhas pelo nome e vai à frente delas para mostrar-lhes o caminho da vida plena. As tentações do mal são representadas aqui pelos ladrões e assaltantes: tudo que não vem de Deus conduz à morte e ao sofrimento.

PRECES

Catequista: O Bom Pastor, Jesus, nos conhece profundamente porque somos suas ovelhas. Seu maior desejo é que tenhamos vida, e vida em abundância. Isso só é possível se ouvirmos a voz d'Ele, se seguirmos o caminho certo e passarmos pela porta estreita que é o próprio Jesus.

Todos: *Jesus, Bom Pastor, queremos ouvir sua voz e trilhar o bom caminho!*

Leitor 1: Deus criou e ordenou a vida com sabedoria, agora chama o ser humano a uma relação de intimidade com Ele. Originados na bondade divina, somos participantes dessa bondade, pois a criação desejada por Deus é como dom dirigido à humanidade (cf. ClgC, n. 299).

Todos: *Jesus, Bom Pastor, faz de nós espelhos da bondade de Deus e defensores da vida!*

Leitor 2: A humanidade é chamada "a uma plenitude de vida que se estende muito para além das dimensões da sua existência terrena, porque consiste na participação da própria vida de Deus" (EV, n. 2).

Todos: *Jesus, Bom Pastor, que pela escuta da sua voz e seguindo seus ensinamentos possamos ter vida, e vida em abundância!*

ORAÇÃO FINAL

Antes de rezarem o Salmo 104, relembre-os de que foram convidados, no início desta celebração, a colocar as fotos e imagens de pessoas queridas junto aos símbolos de vida. Convide-os a recolher essas fotos e imagens como quem segura uma joia preciosa, pois a vida de cada pessoa tem valor incalculável para Deus. Por nossa vida, Jesus pagou o mais alto resgate, e, para garantir a nós vida em abundância, contamos com a presença do Espírito Santo e seus dons que nos santificam.

Oriente-os para, em silêncio, pedir pela vida da pessoa que está na foto/imagem que trouxeram e pela vida humana representada por essa pessoa.

Convide-os a louvar a Deus com o Salmo 104.

Hino ao Deus Criador – Salmo 104 (103),1.31-35

Bendize, ó minha alma, o Senhor! Senhor, meu Deus, como és grande!

Tu te vestes de esplendor e majestade! Está envolto em luz como num manto.

Que a glória do Senhor dure para sempre! Alegre-se o Senhor por suas obras!

Ele olha para a terra e ela treme; Ele toca as montanhas e elas fumegam.

Cantarei ao Senhor enquanto eu viver; cantarei louvores ao meu Deus enquanto eu existir.

Que minha meditação lhe seja agradável, e eu me alegrarei no Senhor.

Que os pecadores desapareçam da terra e os ímpios deixem de existir!

Bendize, ó minha alma, o Senhor! Aleluia!

BÊNÇÃO

Dirigente: O Senhor de abençoe e te guarde.

Todos: Amém.

Dirigente: O Senhor faça resplandecer o seu rosto sobre ti e te conceda graça.

Todos: Amém.

Dirigente: O Senhor volte para ti o seu rosto e te dê paz.

Todos: Amém.

Canto

BLOCO 4

UM SER EM RELAÇÃO COM A COMUNIDADE

16 Missão do cristão: Ouvir e praticar o Evangelho

17 O Espírito Santo na vida do cristão

18 Vida nova em Cristo

19 Como ser jovem na comunidade

A jornada pastoral

Celebração comunitária
Entrega da cruz

O intuito deste bloco é olhar para a comunidade eclesial como lugar por excelência da vivência da fé. O caminho proposto ajudará os catequizandos a aprofundarem a compreensão de que a missão a que são chamados é a de anunciar e praticar o Evangelho, assumindo no dia a dia atitudes de quem serve a Cristo.

O Espírito Santo é presença de força na vida do cristão e nos impulsiona a viver a novidade de quem segue a Cristo. Uma vez que fizemos nossa opção por seguir o Evangelho, é necessário reconhecer a comunidade eclesial como o lugar de expressão do jovem que assume seu compromisso cristão. Por isso é preciso conhecer sua realidade eclesial e perceber os espaços onde pode servir e colocar seus dons a serviço dos demais. Para ajudar na reflexão, a atividade complementar sugere uma jornada pastoral na qual se pode conhecer a ação eclesial da comunidade.

A celebração comunitária que encerra o bloco é uma proposta de envio dos catequizandos. Para os seguidores de Cristo, a cruz é sinal de quem adere à mensagem do Evangelho e se coloca no caminho de Jesus, por isso celebramos na intenção de compreender, cada vez mais, as exigências da missão.

MISSÃO DO CRISTÃO: OUVIR E PRATICAR O EVANGELHO

16

Objetivo

Assumir, na vida cotidiana, atitudes de quem serve a Cristo.

LEITURA ORANTE

- Como passo importante para o preparo do seu encontro, faça um momento de leitura orante do texto: Tg 1,19-27.
- Propomos também que durante a semana, até o dia do encontro, realize a seguinte oração:

    Que eu seja suficientemente sábio para acolher as palavras de Jesus, que me proporcionam vida, e agir em prol dos menos favorecidos. Amém.

FUNDAMENTAÇÃO PARA O CATEQUISTA

O encontro com Cristo transforma o nosso modo de viver e nos insere em uma relação de intimidade com o Senhor. Muitos falam sobre uma vida de amor, uma vida correta, mas é impossível viver uma vida nova se não for no poder da Palavra de Deus! Se o cristão acha que está vivendo uma vida boa, mas despreza a Palavra, está desprezando a única fonte que pode produzir uma vida verdadeiramente boa aos olhos de Deus.

Ser discípulo de Jesus exige que não fiquemos de braços cruzados diante das dificuldades da vida, mas que tenhamos a coragem de agir. É o nosso agir, as nossas obras, que vão tornar visível a nossa fé e o que sentimos. As boas obras são feitas por amor a Deus, e são consequências da verdadeira fé colocada em prática. É isso o que se espera do discípulo missionário!

O Papa Francisco, na exortação *Christus Vivit*, nos ajuda a compreender que o testemunho cristão nasce do coração que se apaixonou por Cristo e foi por Ele conquistado. Esse testemunho consiste em viver de acordo com os valores do Evangelho, mesmo diante de situações que tentam nos convencer a compartilhar coisas ruins e superficiais. Precisamos nos convencer de que somos capazes de fazer o contrário: compartilhar a mensagem de Jesus e comunicar a fé que recebemos como presente.

Reflexão bíblica da carta de São Tiago 1,19-27: Tiago nos diz no versículo 19: "Sabei, meus caríssimos irmãos: cada um deve estar pronto para ouvir, mas lento para falar, lento para se irritar". Tiago está chamando a nossa atenção ao fato de que, por natureza, gostamos de tapar os ouvidos e abrir as bocas para falar e reclamar. É preciso que peguemos nossa cruz e andemos!

É possível elencar quatro lições do texto bíblico:

- **1ª lição:** 1,19 – Pronto para ouvir e lento para falar e se irritar.
- **2ª lição:** 1,21 – Rejeitar a maldade e acolher a Palavra.
- **3ª lição:** 1,22-25 – Meditar e cumprir a Palavra, e não só ouvi-la.
- **4ª lição:** 1,26-27 – A verdadeira religião é praticar a caridade.

Podemos dizer que no texto encontramos uma plena harmonia com o Sermão da Montanha, uma vez que:

> este primeiro capítulo da Carta de Tiago propõe um caminho, um percurso que leva a ser bem-aventurados, felizes. Não inclui a isenção da fadiga da vida; na verdade, suportar as provações é um passo obrigatório. Não inclui uma vida "de faça você mesmo"; de fato, escutar e pôr em prática a lei de Deus é o que leva à felicidade. (MARTIN, 2020, p. 294)

LEIA PARA APROFUNDAR

- Exortação apostólica *Christus Vivit*, números 175 a 178.

Depois de ler a fundamentação, reflita um pouco:

1. Será que estou praticando a vontade de Deus? Tenho dado atenção à sua voz que me chama e envia?
2. Estou disposto a ouvir o Senhor, carregar minha cruz sem reclamar, sem me irritar, e seguir em frente?

O ENCONTRO

MATERIAIS

- Uma cruz de papel de tamanho grande (de cartolina ou papel Kraft).
- Pincel atômico ou canetinha colorida.
- Um crucifixo de madeira de tamanho suficiente para passar de mão em mão.
- Uma faixa, também de papel, com as palavras: "Ser discípulo é seguir o Mestre".
- Música sugerida: *Ninguém te ama como eu* (Martin Valverde).
- Prepare sobre a mesa a vela, a Bíblia e o crucifixo de madeira.

PARA INICIAR O ENCONTRO

- Acolha a todos e convide para um momento de oração.
- Peça que olhem para a mesa preparada e silenciem (uma música ambiente pode ajudar).
- Convide um deles para acender a vela. Enquanto isso, comente a faixa com o escrito sobre ser discípulo e a coloque no chão.
- Com base no texto do livro do catequizando, comente a missão do cristão.
- Oriente-os a prestar atenção na música enquanto olham para a cruz (passe o crucifixo de mão em mão enquanto escutam a música; pode ser só a primeira estrofe e o refrão).
- Peça que todos rezem a oração que está no livro do catequizando.

CRESCER COM A PALAVRA

- Convide-os a ler o texto de Tg 1,19-27.
- Divida o grupo em duplas ou trios. Oriente-os a realizar a atividade que está em seus livros completando o quadro com as lições e seus respectivos versículos.

- ✝ Motive-os a expressar como é possível colocar em prática, na convivência com as pessoas, essas lições. Pergunte o que entenderam da atividade e como levar as lições para a vida. Embora as respostas sejam pessoais, é importante observar se houve compreensão. Sugere-se, para isso, convidá-los a partilhar e conversar sobre as semelhanças e diferenças nas respostas.
  - Segue o gabarito da atividade 1:
    - **1ª lição**: 1,19 – Pronto para ouvir e lento para falar e se irritar.
    - **2ª lição**: 1,21 – Rejeitar a maldade e acolher a Palavra.
    - **3ª lição**: 1,22-25 – Meditar e cumprir a Palavra, e não só ouvi-la.
    - **4ª lição**: 1,26-27 – A verdadeira religião é praticar a caridade.
- ✝ Oriente a realização da atividade 2 no livro do catequizando.

CRESCER NO COMPROMISSO

- Motive para que, em casa, leiam o texto do Papa Francisco no livro do catequizando. Depois da leitura, peça que formulem um compromisso que possa ajudá-los a testemunhar a Cristo no dia a dia.
- Peça que preparem, para o próximo encontro, uma pesquisa sobre as seguintes pessoas:
  - Carlo Acutis: jovem italiano beatificado em 2020.
  - Santa Dulce dos Pobres: primeira santa brasileira, canonizada em 2019.

CRESCER NA ORAÇÃO

- Convide os catequizandos para um momento de oração.
- Coloque no chão, perto da faixa sobre ser discípulo, a cruz de papel.
- Peça para um catequizando ler o texto de Tg 1,19-27.
- Comente que seguir a Palavra é se tornar discípulo, e para isso é preciso aceitar a cruz. Motive-os a escrever na cruz uma atitude que representa a disposição para seguir Jesus.
- Encerre com a oração do Pai-nosso.

LEMBRETE

Oriente-os a fazer a pesquisa proposta para o próximo encontro.

O ESPÍRITO SANTO NA VIDA DO CRISTÃO

17

Objetivo

Identificar que, pela força do Espírito Santo, os seguidores de Jesus são convidados a produzir frutos de vida nova.

LEITURA ORANTE

- Como passo importante para o preparo do seu encontro, faça um momento de leitura orante do texto: Gl 5,13-14.22-26.

- Propomos também que durante a semana, até o dia do encontro, realize a seguinte oração:

"Fica conosco, Senhor, acompanha-nos, ainda que nem sempre tenhamos sabido reconhecer-te. Fica conosco, porque ao redor de nós as sombras vão se tornando mais densas, e tu és a Luz; em nossos corações se insinua a desesperança, e tu os fazes arder com a certeza da Páscoa. Estamos cansados do caminho, mas tu nos confortas na fração do pão para anunciar a nossos irmãos que na verdade tu ressuscitaste e que nos deste a missão de ser testemunhas de tua ressurreição. Amém" (DAp, n. 554).

FUNDAMENTAÇÃO PARA O CATEQUISTA

A vinda do Espírito Santo, em Pentecostes, dá novo ânimo aos apóstolos. Não se sentem mais abandonados. Pelo contrário, sentem sua presença viva e, pela ação do Espírito Santo, Pedro fala com coragem; Estêvão confessa ser seguidor de Jesus e se torna mártir; Paulo diz que não vive mais, é Cristo que vive nele. E como Jesus prometeu, o Espírito permanecerá até o fim dos tempos em suas vidas e nas comunidades formadas por eles.

Com a presença do Espírito Santo, os cristãos descobrem seu lugar dentro da Igreja. Ele nos faz perceber que fazemos parte de um corpo e que, como membros, somos responsáveis uns pelos outros. Também nos faz perceber que os dons que cada um de nós recebeu devem ser de utilidade a todos.

Assim, impelidos que somos pelo Espírito Santo, devemos erguer nosso olhar para o horizonte deste mundo frio e calculista em que vivemos, a fim de produzir uma revitalização da presença da Igreja no mundo, formando novas comunidades e anunciando a vida em Jesus Cristo.

O Catecismo da Igreja Católica (n. 1700) nos apresenta que a vocação do ser humano é a vida no Espírito, por isso

> a dignidade da pessoa humana se fundamenta em sua criação à imagem e semelhança de Deus; realiza-se em sua vocação à bem-aventurança divina. Cabe ao ser humano a livre iniciativa de sua realização. Por seus atos deliberados, a pessoa humana se conforma ou não ao bem prometido por Deus e atestado por sua consciência moral.

Reflexão bíblica da carta de São Paulo aos Gálatas 5,13-14.22-26: São Paulo nos fala da liberdade a que fomos chamados por Cristo. As palavras do texto bíblico chamam a atenção para o fato de que existe no ser humano uma busca constante de aproveitar tudo o que a vida oferece. Nossa fé cristã nos ajuda a compreender o tempo presente como dom de Deus, por isso o nosso desejo de viver. É importante lembrar que viver de acordo com o Evangelho não enfraquece esse desejo.

Em Gl 5,22-26 vemos o elenco do que Paulo chama de frutos do Espírito. Podemos dizer que o dom do Espírito em nós não faz da nossa vida uma renúncia triste das alegrias que ela nos oferece. O problema está quando nos tornamos obcecados por muitos prazeres que nos impedem de colher a beleza de Deus em nossa vida presente. É o Espírito Santo que nos ajuda a compreender a vida como dom e espaço de realização, permitindo reconhecer e valorizar cada pequena alegria nos dedicando a vivê-la com entusiasmo. O Espírito na vida do cristão não faz dele uma pessoa triste, mas o ajuda a viver em plenitude a beleza da vida doado no serviço do amor.

Depois de ler a fundamentação, reflita um pouco sobre as questões:

1. Tenho ampliado meu horizonte de evangelizador, deixando-me levar pelo Espírito que impulsiona cada um de nós para onde Ele deseja?

2. Como catequista, tenho me empenhado em fazer com que os catequizandos se envolvam na tarefa cristã de anunciadores de Jesus?

O ENCONTRO

MATERIAIS

- Duas cartolinas.
- Lápis de cor, pincel hidrográfico e canetinhas coloridas (quantidade suficiente para dois grupos).
  - Prepare uma pesquisa sobre Carlo Acutis (jovem italiano beatificado em 2020) e Santa Dulce dos Pobres (primeira santa brasileira, canonizada em 2019) como subsídio para complementar, se necessário, as pesquisas solicitadas desses personagens, como atividade encaminhada no encontro anterior.
- Folhas sulfite para cada catequizando (pode ser cortada ao meio).
- Tesouras.
- Faixa com a frase: "Amarás teu próximo como a ti mesmo".
- Mãos desenhadas e recortadas. Em cada uma delas, escrever um fruto do Espírito Santo: amor, alegria, paz, paciência, generosidade, bondade, fé, mansidão, domínio de si mesmo.
- Prepare na mesa a vela, a Bíblia e as flores.
- Espalhe ao redor a faixa e as mãos com os frutos.

PARA INICIAR O ENCONTRO

Inicie o encontro acolhendo os catequizandos e introduza o tema comentando que, pela força do Espírito Santo, somos chamados a produzir frutos de vida nova.

CRESCER COM A PALAVRA

✝ Peça aos catequizandos que se aproximem dos símbolos e escritos. Incentive-os a ler o que está escrito nos desenhos das mãos e, enquanto eles se ocupam disso, leia uma vez o texto de Gl 1,13-14.22-26.

✝ Depois da leitura, peça que reflitam sobre a pergunta: "O que significa amar o próximo?".

✝ Motive-os a apresentar as suas pesquisas sobre a vida de Carlo Acutis e Santa Dulce dos Pobres, solicitada no encontro anterior. Após as apresentações, converse sobre a experiência de vida dessas pessoas e incentive o grupo a observar quais foram as semelhanças e diferenças entre as informações encontradas. Se possível, em papel Kraft, reúna em duas colunas as informações sobre a vida desses dois personagens pesquisados, para ficar visível a todos.

✝ Encaminhe-os à atividade 1 e converse sobre essas pessoas serem exemplos concretos da força do Espírito Santo na vida de um cristão.

✝ Retome a leitura do texto bíblico do encontro e peça que todos a acompanhem (a leitura agora pode ser feita por um catequizando).

✝ Após a leitura, formar dois grupos:

- **Grupo 1:** Gl 5,13-14 – Preparar um cartaz sobre o que entenderam ao ler o texto bíblico. Identificar como Santa Dulce dos Pobres viveu os ensinamentos do texto bíblico que leram.

- **Grupo 2:** Gl 5,22-26 – Preparar um cartaz sobre o que entenderam ao ler o texto bíblico. Identificar como Carlo Acutis viveu os ensinamentos do texto bíblico que leram.

✝ Oriente o trabalho e determine o tempo para a atividade, de modo que seja possível realizar a partilha das reflexões dos grupos. Explore, de modo especial, a relação do texto com a situação de vida dos pesquisados. Pergunte quais outras pessoas poderiam ser identificadas, em suas comunidades, como exemplos de quem vive os ensinamentos dos textos bíblicos estudados e refletidos pelos grupos.

CRESCER NO COMPROMISSO

- Incentive para que, durante a semana, retomem os versículos 22 e 23 do texto bíblico e, a partir de cada fruto do Espírito Santo, identifiquem o que precisam melhorar em suas vidas.
- Oriente-os a registrar suas conclusões no livro.

CRESCER NA ORAÇÃO

- Convide os catequizandos para um momento de oração.
- Entregue uma folha em branco para cada um. Peça que desenhem uma de suas mãos e recortem o desenho.
- Ressalte que os frutos do Espírito Santo são gestos concretos que revelam nosso amor a nós mesmos e ao próximo. Por isso cada um, inspirado pelo texto de Gl 5,22-26, deve escrever no desenho uma atitude que demonstre amor a si e ao próximo.
- Coloque uma música ambiente e peça que leiam o que escreveram na mão desenhada.
- Após a leitura, oriente-os a colocar seus desenhos perto da Bíblia.
- Encerre o encontro com uma oração de invocação do Espírito Santo.

Anotações

18 VIDA NOVA EM CRISTO

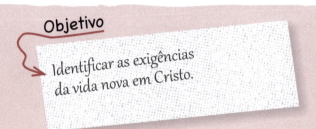

Objetivo: Identificar as exigências da vida nova em Cristo.

LEITURA ORANTE

- Como passo importante para o preparo do seu encontro, faça um momento de leitura orante do texto: Cl 3,5-17.

- Propomos também que durante a semana, até o dia do encontro, realize a seguinte oração:

Espírito Santo de Deus, toca minha mente e meu coração. Abre-me à tua verdade! Dá-me forças para renovar-me profundamente e, assim, exercer minha missão de anunciador da Palavra. Por Jesus, Nosso Senhor! Amém.

FUNDAMENTAÇÃO PARA O CATEQUISTA

Todo batizado e confirmado é convocado pelo Espírito Santo a participar da Igreja e dar testemunho de comunhão fraterna, porque quem recebe o Espírito de Jesus torna-se por Ele pessoa nova. A salvação que nos foi dada em Jesus Cristo traz em si mesma a marca da vida em comunidade, por isso, no início de seu ministério, escolhe doze pessoas para estar e crescer em comunhão com Ele (cf. Mc 3,14). A comunidade dos discípulos é sinal da comunhão perfeita entre os seres humanos, pois sua marca especial é dar testemunho de Jesus. Os discípulos vivendo e aprendendo com Ele, e ainda presenciando sua paixão e morte, testemunharam a vitória da ressurreição. Iluminados pelo Espírito Santo em Pentecostes, renascem com o Cristo para uma vida nova e virtuosa cujo princípio é torná-los cada vez mais semelhantes a Deus.

São as virtudes que dão um toque de perfeição ao ser e agir humanos, porque são "atitudes firmes, disposições estáveis, perfeições habituais da inteligência e da vontade que regulam nossos atos, ordenando nossas paixões e guiando-nos segundo a razão e a fé, propiciando, assim, facilidade, domínio e alegria para levar uma vida moralmente boa" (CIgC, n. 1804). Ser virtuoso é uma questão de exercício, pois é preciso repetir constantemente os bons hábitos (virtudes) para nos afastar dos maus hábitos (vícios), evidenciando o propósito de sermos novas criaturas em Cristo Jesus. Pessoas virtuosas formam comunidades virtuosas que dão testemunho da justiça, da verdade e da vida.

Reflexão bíblica da carta de São Paulo aos Colossenses 3,5-17: Nesta carta, Paulo nos ensina o que é preciso para ser um bom cristão: deixar o homem velho de lado e passar por uma mudança radical que nos leve a um novo jeito de ser, formando uma nova humanidade. Isso requer que deixemos de lado as imoralidades e os vícios terrenos que nos afastam de Deus e dos irmãos, além das distinções entre religiões, raças, culturas ou classes sociais, pois todos são iguais e participam igualmente da vida de Cristo. A transformação é coisa prática, é deixar os vícios e trocá-los pelas virtudes cristãs que buscam o bem comum. A pessoa nova é identificada pelos sentimentos de bondade, misericórdia, caridade e paz, além do seu seguimento fiel à Palavra de Deus. A pessoa virtuosa expressa sua fé buscando as coisas do alto, crescendo no conhecimento de si mesma e buscando melhorar sempre mais.

Depois de ler a fundamentação, reflita um pouco sobre as questões:

1. Tenho exercido a missão de cristão católico vivendo conforme a vontade de Cristo e sua mensagem?
2. Meu testemunho está alicerçado nas virtudes ou tenho deixado os vícios dominarem minhas ações?

O ENCONTRO

MATERIAIS

- ✓ Pequenas tiras de papel com uma virtude escrita em cada uma delas: COMPAIXÃO – BONDADE – HUMILDADE – MANSIDÃO – PACIÊNCIA – PRUDÊNCIA – MISERICÓRDIA – FÉ – CARIDADE – FORTALEZA – ESPERANÇA – GRATIDÃO – JUSTIÇA.
- ✓ Um balão para cada catequizando.
- ✓ Música animada para a dinâmica. Sugere-se *Busque o alto* (Celina Borges, álbum *Tudo posso*).
- ✓ Música ambiente para a meditação.

PARA INICIAR O ENCONTRO

- Acolha os catequizandos e introduza o tema do encontro destacando que, para seguir a Cristo, é preciso assumir atitudes que representam uma nova forma de vida.
- Comente que os discípulos de Jesus, pela ação do Espírito Santo, dão testemunho de uma vida nova a partir das experiências que viveram com o Mestre.
- Convide-os a invocar o Espírito Santo e rezar juntos.

CRESCER COM A PALAVRA

- ✝ Oriente-os para que acompanhem, em suas Bíblias, a leitura do texto de Cl 3,5-17.
- ✝ Com uma música ambiente, incentive-os a reler o texto e responder aos questionamentos da atividade 1 no livro do catequizando.
- ✝ Após alguns instantes de silêncio, peça que partilhem suas respostas.
- ✝ Explique, com base na fundamentação deste encontro, o que são virtudes e vícios.
- ✝ Organize-os em pequenos grupos e convide-os a destacar os vícios e as virtudes no texto de Cl 3,5-17. Peça que completem o quadro da atividade 2.

- A resposta para a coluna *Vícios da velha natureza* encontra-se em Cl 3,5-11: prostituição, impureza, paixão, maus desejos, avareza, ira, raiva, maldade, maledicência, palavras obscenas, mentira.

- A resposta para a coluna *Virtudes da nova natureza* encontra-se em Cl 3,12-17: compaixão, bondade, humildade, mansidão, paciência, amor, paz, gratidão. Observe que as palavras podem variar de acordo com a versão da Bíblia que o catequizando estiver usando.

- A coluna *Um exemplo prático* deve ser preenchida com uma resposta pessoal do catequizando.

- Depois de realizada a atividade, convide-os a partilhar suas anotações.

CRESCER NO COMPROMISSO

- Convide-os a participar da dinâmica:
    - Entregue para cada catequizando um balão.
    - Peça que escolham uma virtude que entendem que precisam exercitar, escrevam-na na tira de papel e a coloquem dentro do balão. Em seguida, solicite que encham os balões e amarrem.
    - Ao som e ritmo da música sugerida, oriente para que todos joguem seus balões para o alto e brinquem com eles, evitando deixá-los cair no chão.
    - Quando a música for interrompida, eles devem segurar um balão, estourá-lo e pegar a tira de papel com a virtude escrita.
    - Peça que leiam e identifiquem se a virtude do balão que pegaram é a mesma virtude que eles escreveram antes. Se não for, questione se acreditam ser possível exercitar também a virtude retirada. Pergunte se ela complementa a virtude que escreveram inicialmente e de que forma.

- Conclua a reflexão dizendo que os balões são como a nossa vida: às vezes precisamos de uns empurrões para vivermos de maneira virtuosa.

- Oriente-os para que se comprometam a exercitar a virtude que retiraram de dentro do balão. Peça que a registrem em um dos balões na imagem de seus livros, para que se recordem do compromisso.

CRESCER NA ORAÇÃO

- Convide-os a rezar, conforme consta no livro do catequizando, o Salmo 100 como louvor e ação de graças, segundo nos orienta São Paulo nos versículos 16 e 17 do texto deste encontro. Conclua o momento rezando o Pai-nosso.

COMO SER JOVEM NA COMUNIDADE

19

Objetivo

Reconhecer a comunidade eclesial como lugar de expressão do jovem, onde ele assume o seu compromisso cristão.

LEITURA ORANTE

- Como passo importante para o preparo do seu encontro, faça um momento de leitura orante do texto: Jr 1,4-9.
- Propomos também que durante a semana, até o dia do encontro, realize a seguinte oração:

  Que sejamos capazes de encontrar as belezas escondidas nos corações dos jovens e possamos ajudá-los a discernir a vontade de Deus em suas vidas. Amém.

FUNDAMENTAÇÃO PARA O CATEQUISTA

Desde o pontificado de São João Paulo II, a juventude tem sido olhada pelos sumos pontífices com atenção especial. Idealizador da Jornada Mundial da Juventude, João Paulo II achava vital ter um tempo só com os jovens. Bento XVI dizia que eles eram a esperança da Igreja e anunciadores da esperança. Papa Francisco tem uma exortação apostólica totalmente dedicada a eles, e começa com uma declaração de amor: Cristo vive, e Ele é a nossa esperança.

Com tanta rapidez, com tantos afazeres, com tanta pressa para tudo, o jovem encontra pouco tempo para interiorizar-se e conectar-se com o Divino. Somente Deus sacia a sede e a fome de vida que o jovem tem. Muitos tentam preencher a busca pela felicidade com o prazer imediato (drogas, alcoolismo, sexualidade desregrada, consumo, estética, fama e exibição). O jovem parece ter dificuldade de lidar com a frustração e a resiliência, desviando-se de Deus. No entanto é importante lembrar que Deus é amor, "que não se impõe nem esmaga, um amor que não marginaliza, não obriga a estar calado nem silencia, um amor que não humilha nem subjuga. É o amor do Senhor: amor diário, discreto e respeitador, amor feito de liberdade e para a liberdade, amor que cura e eleva" (ChV, n. 116).

O jovem imbuído da missão de anunciar Jesus, imagem perfeita do Pai, deve deixar-se envolver pela força do Espírito Santo para ser profeta entre os jovens, discípulo missionário na comunidade e novo Cristo na vida.

Reflexão bíblica de Jeremias 1,4-10: A temática do texto bíblico é a vocação profética, por isso ele está dividido em duas partes: o chamado e o envio para a missão. Ser profeta é algo meio estranho aos ouvidos de um jovem. Jeremias demonstrou surpresa em seu tempo, imagine agora.

O que é ser profeta? Longe de ser um adivinho, o profeta é uma pessoa de profunda intimidade com Deus. Por conta dessa intimidade, ele enxerga e compreende a realidade à luz de Deus. Tem por missão <u>denunciar</u> quando as ações vão contra o projeto de Deus; <u>alertar</u> quando existe o perigo de a comunidade afastar-se do projeto divino; e <u>anunciar a salvação</u> que vem de Jesus Cristo. A grande preocupação do profeta era transmitir fielmente a Palavra que tinha recebido do Senhor. A Igreja nos ensina que, pelo Batismo, Deus nos faz profetas e exercemos nossa vocação pelo nosso testemunho e pelo anúncio da Palavra. Os profetas nos lembram que a fé é vida, por isso estão no meio do povo. Eles mostram que toda ação tem consequências. Falam do futuro para mudar o presente, para que o povo se converta. São pessoas de profunda consciência histórica.

A vocação de Jeremias passa pela escolha, pela consagração e pela nomeação. A escolha de Deus acontece antes de sua própria existência. Consagrar é separar algo para uma tarefa sagrada. Jeremias é separado para Deus ainda no ventre materno, e é nomeado para ir além dos limites de seu povo. Como jovem, ele protesta ao chamado, demonstra medo e insegurança, mas Deus o encoraja com firmeza: "Você é jovem e Eu estou contigo". Quando coloca as mãos sobre a boca de Jeremias, Deus o institui profeta para arrancar e destruir o que é mal, para exterminar e demolir o que impede o crescimento da vida, para construir e plantar o amor.

Depois de ler a fundamentação, reflita um pouco sobre as questões:

1. Como catequista, você é profeta em sua comunidade?
2. Tem anunciado, denunciado e alertado sobre os caminhos errados?

O ENCONTRO

MATERIAIS

- ✓ Três copos transparentes com água.
- ✓ Uma porção de terra ou areia.
- ✓ Um sachê de suco ou polpa de suco natural.
- ✓ Óleo de cozinha.
- ✓ Copos descartáveis para cada catequizando.

PARA INICIAR O ENCONTRO

- Comece seu encontro dizendo que todo batizado e confirmado é alguém que deve participar da Igreja e, movido pelo Espírito Santo, testemunhar Cristo vivendo em comunidade.
- Fale sobre o fato de serem adolescentes, mas estarem muito próximos de serem chamados de jovens. Questione-os sobre as dificuldades de dizer entre os amigos da mesma idade que participa de uma comunidade religiosa.
- Mencione que a juventude sempre foi irreverente e que está repleta de exemplos de jovens que superaram todas as dificuldades para anunciar a Palavra de Deus.

CRESCER COM A PALAVRA

- Leia o texto do encontro: Jr 1,4-10.
- Pergunte o que compreenderam do texto e encaminhe para as reflexões da atividade 1, no livro do catequizando. Esclareça o que é ser profeta e que todos temos, por causa de Jesus, essa missão.

- ✝ Com base na fundamentação deste encontro, explore o texto bíblico e converse sobre ser jovem no mundo de hoje. Motive-os a opinar.
- ✝ Fale sobre a preocupação da Igreja em estar sempre atenta à juventude, desde São João Paulo II até o Papa Francisco.
- ✝ Oriente-os a observar a imagem no livro do catequizando e argumentar sobre a mensagem que ela transmite à Igreja. Depois peça que criem uma legenda para a imagem, na atividade 2.
- ✝ Encaminhe para a atividade 3, no livro do catequizando, fazendo com que exercitem a função de profeta nos dias de hoje.
- ✝ Realize a dinâmica das misturas (MANTOVANI, 2015, p. 118):
  - Apresente três copos com água para o grupo e diga que eles representam a comunidade.
  - Peça a um catequizando que, no primeiro copo, coloque uma porção de terra; no segundo, óleo; e no terceiro, suco, misturando bem os ingredientes à água.
  - Dê uns minutos para que observem as reações e converse sobre elas, destacando que para fazer parte da comunidade é preciso nosso envolvimento, nossa participação. Mencione que a comunidade pode se parecer com os ingredientes colocados na água: a terra se mistura e transforma a água, mas, depois da agitação, ela se separa da água; o óleo, apesar de estar na água, não se deixa envolver por ela e também não a envolve; o suco incorpora-se à água, transforma-a e lhe dá sabor.
  - Questione-os: "Quando somos a primeira mistura, a segunda e a terceira?".
- ✝ Leia com os catequizandos o texto proposto em seus livros e relacione-o com a dinâmica e a vida deles.
- ✝ Oriente o registro das ações realizando a atividade 4.

CRESCER NO COMPROMISSO

- Leia o texto enfatizando o apelo do Papa Francisco para a juventude e motive a escrita do compromisso.

CRESCER NA ORAÇÃO

- Convide-os a cantar um refrão orante.

- Observando os elementos da dinâmica que não se misturam com a água (terra e óleo), oriente-os a pedir perdão pelas vezes que não foram testemunhas de Jesus em meio aos seus grupos de convivência e que não foram atuantes na comunidade.
- Observando o suco unido à água, peça que agradeçam a riqueza do grupo, a felicidade de estarem unidos na catequese e a alegria de serem jovens.
- Convide-os a consagrar suas vidas à proteção de Nossa Senhora, que, muito jovem, disse "sim" a Deus e nos deu acesso a Jesus.
- Sirva-os do suco como momento de partilha.

A JORNADA PASTORAL

Proposta para encerramento do bloco, antes da celebração.

OBJETIVO: Ter contato com as Pastorais da comunidade.

COMO DESENVOLVER:
- Motivar os catequizandos a elaborar um Jornal Pastoral. Pode-se organizar da seguinte maneira:
    - Promover uma pesquisa prévia sobre as Pastorais existentes na comunidade e definir quais serão trabalhadas. Formar duplas para pesquisarem.
    - Disponibilizar o contato dos coordenadores das Pastorais para que os catequizandos possam conhecê-los.
    - Orientar os catequizandos para que pesquisem os seguintes dados:
        - Nome da Pastoral.
        - Objetivos.
        - Principais atividades.
        - Importância do trabalho para a comunidade.
- Com o resultado da pesquisa, os catequizandos devem montar um Jornal Pastoral e editá-lo com fotos, vídeos etc.
- Marcar um momento para que cada dupla apresente sua pesquisa e depois motivar os catequizandos a prepararem algo aos demais grupos de catequese.

Celebração comunitária

ENTREGA DA CRUZ

Objetivo

Compreender o dom de amor e doação, simbolizado na cruz, que identifica quem opta por seguir a Cristo e seu Evangelho.

LEITURA ORANTE

- Sugere-se como passo importante para o preparo deste momento a leitura orante do texto de Mc 8,34-37.

FUNDAMENTAÇÃO PARA O CATEQUISTA

O sentido do termo "discípulo" é bastante amplo, porém se pode dizer que sempre esteve ligado ao aprendizado, ao seguimento e à educação, passando ao longo dos tempos por uma evolução na sua compreensão. O Documento de Aparecida (n. 11) insiste que é preciso promover o encontro pessoal e comunitário com Jesus Cristo, pois é este o mecanismo para "confirmar, renovar e revitalizar a novidade do Evangelho arraigada em nossa história", lembrando que é necessário recomeçar sempre "a partir de Cristo, a partir da contemplação de quem nos revelou em seu mistério a plenitude do cumprimento da vocação humana e de seu sentido" (DAp, n. 41).

De fato, o discípulo é chamado a vincular-se intimamente com Jesus, para ser formado por Ele e assumir seu estilo de vida e suas motivações (cf. Lc 6,40b). A decisão de responder positivamente ao chamado de Jesus e colocar-se no caminho do seguimento traz uma nova identidade que é assumida pelo seguidor.

Para o cristão,

> a cruz de Jesus é a palavra com que Deus respondeu ao mal do mundo. (...) uma palavra que é amor, misericórdia, perdão. É também julgamento: Deus julga amando-nos (...) a palavra da cruz é também a resposta dos cristãos ao mal que continua a agir em nós e ao nosso redor. Os cristãos devem responder ao mal com o bem, tomando sobre si a cruz, como Jesus. (PAPA FRANCISCO, 2013)

O rito de entrega da cruz nos lembra do compromisso de ser fiel no seguimento, sendo um sinal externo que ajuda a nos lembrar de Cristo e de seu amor por nós.

PREPARANDO A CELEBRAÇÃO

Observação: Por ser um rito que deve se inserir na liturgia comunitária, seja Eucarística ou da Palavra, apresentamos apenas o rito em si, que deve ser realizado antes da bênção final.

Pode-se reunir todos os catequizandos do volume 5, mas é possível fazer com os grupos separados. Indispensável é a presença das famílias dos catequizandos.

A liturgia segue a do calendário litúrgico, sendo necessário prepará-la com antecedência colocando-se de acordo com o padre, a equipe de liturgia e os cantos do final de semana correspondente.

É preciso que no início da celebração seja feita uma breve explicação sobre a presença do grupo dos catequizandos.

Os catequizandos podem entrar em procissão no início da celebração. Se houver a procissão, deve-se reservar os bancos para que eles possam se sentar.

Durante a homilia, quem preside faz a ligação da liturgia com este momento da caminhada dos catequizandos, destacando a importância da participação da comunidade na catequese e a importância de os catequizandos assumirem compromissos perante a comunidade.

Ao término da "oração depois da comunhão", a comunidade permanece sentada enquanto se convida os catequizandos a permanecerem em pé.

ENTREGA DA CRUZ

Catequista: Aproximem-se os catequizandos para receberem a cruz, sinal da vitória de Cristo sobre a morte e o pecado.

Os catequizandos se dirigem até o presbitério e se voltam para a comunidade. Quem preside dirige aos catequizandos estas palavras ou outras semelhantes:

Presidente: Caríssimos, agora vocês receberão a cruz do Senhor Jesus. Ela é sinal do amor sem limites de Deus por seus filhos e filhas que outrora se desligaram do Pai pelo pecado. Recebam e guardem essa cruz como símbolo da derrota do pecado e da vitória do amor.

Após estas palavras, quem preside pode chamar os catequizandos para receberem a cruz (se o grupo for pequeno, todos poderão receber das mãos de quem preside; caso seja numeroso, os catequistas ajudam na entrega). Após a entrega, quem preside convida a comunidade para colocar-se em pé e, juntamente com os catequizandos, professarem a própria fé. Pode-se escolher um canto apropriado para o momento da entrega.

Quem preside a celebração convida os catequizandos a estenderem a mão segurando a cruz e inclinarem a cabeça. Convida também a comunidade para que estenda as mãos em direção aos catequizandos em sinal de bênção.

Presidente: *Senhor, que por vosso amor remistes o mundo, transformando a vergonha da cruz em fonte de salvação, olhai para estes vossos filhos e filhas para que, ao portarem o símbolo do amor maior de Deus pela humanidade, façam ressoar as palavras do seu santo Evangelho em todos os lugares por onde andarem. Que o Espírito Santo os guie com seus dons e que, a exemplo da virgem Maria, sejam fiéis e obedientes aos seus preceitos. Por Nosso Senhor Jesus Cristo, que vive e reina convosco e com o Espírito.*

Antes de terminar a celebração, o catequista convida os catequizandos a ficarem em pé e quem preside os envia com as seguintes palavras:

Presidente: Ide e testemunhem, ao usarem essa cruz, que Jesus Cristo é o Senhor de vossas vidas.

Segue a bênção final.

BLOCO 5

PERMANECER EM CRISTO

20 Banhados em Cristo, somos novas criaturas

21 Perfumados pelo Espírito

22 Dons que iluminam a vida

23 Alimentados pela Eucaristia

Celebração com as famílias
Iluminados por Cristo

Celebração
Confirmados pelo Espírito

Celebração com as famílias
Celebrar a vida em comunidade

Neste bloco vamos refletir, de modo ainda mais profundo, sobre os sacramentos da Iniciação Cristã. O título já apresenta a proposta que fundamenta a reflexão, pois acreditamos que celebrar os sacramentos nos ajuda a "permanecer em Cristo", vivendo com Ele e por Ele. De fato, os sacramentos recebidos, embora pessoais, têm um forte caráter comunitário e podem ser também considerados como força para o nosso viver. Ao refletir sobre o Batismo, a Confirmação e a Eucaristia, desejamos que os catequizandos retomem os sacramentos já celebrados e façam memória dos ritos dos quais já participaram, ao mesmo tempo que se abram à beleza do sacramento que ainda está por vir. Nosso objetivo é ajudá-los a perceber que os dons do Espírito, bem como seus frutos, representam luz em nossa vida e que, impulsionados pelo Espírito Santo, somos chamados a viver e permanecer no amor de Cristo.

BANHADOS EM CRISTO, SOMOS NOVAS CRIATURAS

20

> **Objetivo**
> Identificar a mudança de vida que o Batismo opera em nós e as atitudes que marcam a novidade de vida do cristão.

LEITURA ORANTE

- Como passo importante para o preparo do seu encontro, faça um momento de leitura orante do texto: 2Cor 5,14-17.

- Propomos também que durante a semana, até o dia do encontro, realize a oração a seguir:

    Deus, que por meio de Jesus Cristo, vosso Filho único, nos destes a graça de chamar-vos de Pai, ajudai-nos a frutificar em toda a nossa vida as graças recebidas no Batismo. Concedei aos catequizandos entendimento para que possam conhecer a verdade e crescer em virtude no dia a dia. Amém.

FUNDAMENTAÇÃO PARA O CATEQUISTA

O Documento de Aparecida, em seu número 349, nos ajuda a pensar na importância do Batismo ao afirmar que ele "não só purifica dos pecados. Faz renascer o batizado, conferindo-lhe a vida nova em Cristo".

No início do cristianismo, o Batismo era administrado aos adultos que abraçavam a fé. Depois de um tempo de preparação, chamado de catecumenato, os iniciantes celebravam, na noite da Páscoa, os sacramentos da Iniciação Cristã: Batismo, Confirmação e Eucaristia.

A partir desse momento eram acolhidos definitivamente na comunidade e assumiam o compromisso de testemunhar a fé. Ao receber os sacramentos da Iniciação Cristã, os catecúmenos deviam estar conscientes de que, se necessário, estariam dispostos a morrer por causa da fé que abraçavam.

Atualmente, pelo menos em nossa realidade brasileira, não corremos perigo nem sofremos perseguições que nos impeçam de viver a nossa fé, ou que nos coloquem em risco de morte. Entretanto não podemos imaginar que o compromisso de testemunhar a fé cristã, em nosso contexto atual, seja menos importante ou desafiador.

Por meio do Batismo, somos configurados a Cristo e participamos do mistério de sua Paixão (cf. Rm 6,1-11). É como um despertar para a presença divina em nós, pois somos novas criaturas em Cristo, banhados e ungidos para assumir nossa missão.

Ao sermos batizados nos tornamos partícipes da missão de Cristo e da Igreja. Por isso se afirma que, pelo Batismo, o cristão é colocado diante de três importantes dimensões da fé, pois é feito sacerdote, profeta e rei.

Compreende-se o sacerdócio comum dos batizados como a capacidade de ter uma relação direta com Deus, sendo por isso capaz de cuidar do sagrado em sua vida, ou seja, de pedir por si mesmo, pelos irmãos e pela humanidade inteira. Nossa função sacerdotal se concretiza quando oferecemos nossa vida a Deus por meio do serviço e da doação à comunidade.

Quando falamos que o batizado é profeta, precisamos lembrar que não se trata de se tornar adivinho ou um místico que profere previsões e revelações. O batizado é profeta porque é capaz de se dedicar ao anúncio do Evangelho que, ao iluminar a vida, denuncia tudo que é contrário ao projeto divino. Sendo assim, a dimensão profética diz respeito à capacidade de ler os sinais dos tempos e interpretá-los de acordo com o projeto de vida para todos, que nos é anunciado por Jesus e pela Igreja.

Talvez dizer que o Batismo nos insere na missão real de Cristo possa gerar uma compreensão equivocada, pois não se trata de uma exaltação prepotente e orgulhosa. Na verdade, o batizado é feito rei com a missão de cuidar da vida com amor e respeito. Cristo é Rei, pois se fez servo, defendeu a vida e entregou-se na cruz para que pudéssemos retornar ao convívio divino. Nossa participação na missão real de Cristo se dá pela liberdade de quem aceita se doar aos irmãos e colaborar com a missão de "tornar o Reino de Deus presente no mundo" (EG, n. 176).

Pelo Batismo somos incorporados a Cristo e à Igreja, entramos na comunidade dos que professam a fé em Cristo lavados e banhados nas águas batismais. Em nossa atual realidade, em que majoritariamente o Batismo é administrado em crianças, cabe à catequese ajudar os catequizandos a fazerem memória desse momento tão importante e a entenderem que o Batismo nos incorpora à comunidade dos irmãos. Cabe à catequese também ajudá-los a compreender que "ser irmãos implica viver fraternalmente e sempre atentos às necessidades dos mais fracos" (DAp, n. 349).

Reflexão bíblica de 2Coríntios 5,14-17: Em Cristo somos novas criaturas, eis a afirmação de Paulo!

Cristo regenera todas as coisas em si. Por meio do Batismo, somos incorporados n'Ele e por Ele purificados e regenerados, feitos participantes de uma nova comunidade de vida.

Embora o texto de 2Cor 5,14-17 seja uma espécie de autodefesa de Paulo em relação aos que o perseguem, pode nos ajudar a compreender a novidade da vida em Cristo.

Uma vez que pelo Batismo passamos a pertencer a Cristo, será o amor d'Ele que impelirá nossas ações (2Cor 5,14). Assim, nossa relação com Ele e com a comunidade será mais profunda, uma vez que não se pautará em apenas ouvir falar das realidades da fé, mas em professar e viver a fé em Cristo.

No versículo 17 encontramos uma afirmação que se torna convicção para todos os cristãos: "Quem está em Cristo é criatura nova". É preciso destacar que tal novidade de vida diz respeito ao agir concreto ainda nesta vida, e não a uma realidade escatológica. Cada batizado, no entanto, revestido pela graça, é chamado a viver a novidade da mensagem evangélica que levará todos a agirem conforme o exemplo de Cristo; não mais como escravos do pecado, e sim como pessoas libertas pelo amor de Cristo, purificadas por sua morte e ressurreição.

Depois de ler a fundamentação, reflita um pouco. Para ajudá-lo, apresentamos algumas questões:

1. Como eu entendo o meu Batismo?
2. O que nos diferencia dos não batizados?
3. Qual sentido de ser batizado hoje e qual compromisso recebemos com o Batismo?

O ENCONTRO

MATERIAIS

- Bíblia, vela grande e cruz.
- Pequeno recipiente transparente com óleo.
- Bacia com água (grande o suficiente para que as mãos possam ser mergulhadas na água).
- Roupa infantil ou uma túnica branca.
- Recipiente com areia limpa (suficiente para que os catequizandos passem a areia em suas mãos).
- Disponha os objetos em uma mesa ornamentada ou lugar de destaque de modo que todos possam visualizá-los.
- Tarjas de papel com os textos propostos na sequência:

1. **NOME** – É nossa identidade como pessoa única perante Deus e o mundo. O nome de cada pessoa é sagrado e precisa ser respeitado, pois demostra a dignidade da pessoa que o recebe. Deus nos chama pelo nome para que vivamos em sua comunidade de amor.

2. **SINAL DA CRUZ** – Somos batizados em nome da Trindade Santa, por isso seu sinal é traçado na testa da pessoa expressando que ela pertence a Deus. Simboliza também a acolhida da comunidade e a disposição dos pais e padrinhos em educarem na fé cristã.

3. **PROCLAMAÇÃO DA PALAVRA** – A Palavra de Deus escrita na Bíblia é o manual da fé e acompanhará o cristão durante toda a sua existência. Proclamada no Batismo, dá significado ao rito e ilumina o viver cristão.

4. **UNÇÃO COM O ÓLEO DOS CATECÚMENOS** – Catecúmeno é a pessoa que se prepara para receber o Batismo. Esse gesto é inspirado na unção feita, no passado, em atletas e lutadores que acreditavam que o óleo fortalecia os músculos e os tornava escorregadios. Ser ungido no peito com esse óleo significa receber a força de Deus para lutar na vida e defender a fé.

5. **RENÚNCIA AO MAL E DECLARAÇÃO DE FÉ** – Antes de ser mergulhado nas águas batismais, o celebrante questiona sobre nosso desejo de renunciar a tudo o que é mal e que nos afasta do projeto de Deus. Na sequência, ele questiona sobre nossa fé e pede que declaremos em que e em quem cremos. Os pais e padrinhos respondem pelos que são batizados na infância.

6. **BATISMO** – No passado, a pessoa era mergulhada na água representando a morte e a ressurreição de Cristo. Morremos para o pecado e para uma vida sem sentido, e renascemos para uma vida nova recebendo a identidade de cristãos.

7. **UNÇÃO COM O ÓLEO DO CRISMA** – Logo após ser batizada, a pessoa é ungida com o óleo do Crisma, uma mistura de azeite e bálsamo (perfume) que simboliza a plenitude do Espírito Santo, pois o batizado deve exalar o "bom perfume de Cristo" (2Cor 2,15). Essa unção expressa também que o cristão é incorporado à Igreja e à missão de Cristo, ou seja, ser sacerdote, profeta e rei.

8. **VESTES BRANCAS** – Ao saírem da piscina batismal, os primeiros cristãos recebiam uma veste branca que era usada durante a primeira semana após o Batismo. Ela lembra não somente a pureza da fé e da vida, mas principalmente a graça pela qual somos revestidos no Batismo. No rito são pronunciadas as palavras "nasceste de novo e te revestistes do Cristo, por isso trazes essas vestes brancas".

9. **VELA ACESA** – Representa a chama da fé que vem da luz maior, Jesus. Durante o Batismo, a madrinha segura o afilhado no colo e o padrinho segura a vela que foi acesa no Círio Pascal (que representa o próprio Cristo). Iluminados por Jesus, o batizado ilumina o mun-

do. A vela, para iluminar, se consome e nos lembra que o Filho de Deus consumiu sua vida na cruz por nossa salvação. Assim, o cristão deve lembrar que sua vida precisa estar a serviço dos irmãos, consumindo-se para que o mundo seja fraterno e justo.

10. **ORAÇÃO DO PAI-NOSSO** – Encerrando o rito do Batismo reza-se a oração do Pai-nosso, ensinada por Jesus, que nos lembra da nossa filiação divina e nos faz irmãos. Inseridos na família dos filhos de Deus, amados e cuidados, devemos viver em fraternidade e nos amar mutuamente.

PARA INICIAR O ENCONTRO

- Comece o encontro relembrando-os de que a catequese faz parte da Iniciação à Vida Cristã, ou seja, do processo de ser introduzido na experiência misteriosa e maravilhosa de viver a fé em Jesus na comunidade de irmãos que é a Igreja.
- Convide-os a ler o texto introdutório. Fale que neste bloco vamos fazer memória dos ritos da Iniciação Cristã e conhecer as particularidades do sacramento do Batismo.

CRESCER COM A PALAVRA

- Comente que pelo sacramento do Batismo somos CONFIGURADOS a Cristo, incorporados à Igreja, libertos do mal e do pecado e comprometidos com o projeto de Deus para a salvação da humanidade. Mencione que tudo isso ocorre animados pela força do Espírito Santo, o qual invocaremos com a oração: *Vinde, Espírito Santo, enchei os corações...*
- Leia para eles o texto bíblico de 2Cor 5,14-18, depois solicite que refaçam a leitura em silêncio e destaquem a frase ou palavra que mais lhes falou ao coração.
- Afirme que pelo Batismo somos conduzidos ao mesmo movimento de morte e ressurreição de Jesus Cristo: mergulhados na água, morremos para o pecado que nos afasta de Deus e dos irmãos; emergidos da água, ressuscitamos para um viver em Deus. Oriente-os, então, na realização da atividade 1 no livro do catequizando.
- Questione se os catequizandos já conversaram com seus familiares sobre o que aconteceu no dia em que foram batizados. Pergunte também se possuem lembranças desse dia, além da certidão de

Batismo. Incentive todos a partilharem e oriente-os à atividade 2 no livro do catequizando.

✝ Disponha aleatoriamente sobre a mesa as tarjas com a explicação das ações e dos gestos realizados durante o Batismo. Solicite que alguns catequizandos escolham uma e a leiam para o restante do grupo. Esclareça dúvidas e questionamentos que possam surgir, então peça que imaginem como isso foi feito no dia em que eles foram batizados.

✝ Oriente-os na realização da atividade 3 no livro do catequizando.

✝ Na sequência, leia com eles o texto do boxe e ajude-os a compreender o significado de ser sacerdote, profeta e rei, nos dias atuais. Oriente-os para que respondam aos questionamentos feitos nas atividades 4, 5 e 6.

CRESCER NO COMPROMISSO

- Comente que no passado desenvolveu-se a tradição de escolher para o filho o nome de um santo, que seria o seu patrono, seu intercessor, representando um modelo de vida a ser seguido. Esse costume, no entanto, não é tão presente atualmente.

- Relembre que os santos são modelos de pessoas que viveram intensamente seu Batismo, por isso tornaram-se modelos de cristãos para nós.

- Sugira como compromisso a pesquisa da biografia de um santo ou santa que eles conhecem ou já ouviram falar. Oriente que façam desse santo o seu patrono, seu santo de devoção, procurando imitá-lo em suas virtudes. Sugira aos catequizandos que têm nome de santo que pesquisem preferencialmente esse.

- Lembre-se de nos próximos encontros solicitar que partilhem com você e com o grupo o santo escolhido e justifiquem a escolha.

CRESCER NA ORAÇÃO

- Convide-os a olhar os símbolos que você preparou para o encontro e conduza a oração lembrando os catequizandos de que no Batismo os nossos pecados são perdoados, tanto o original como aqueles pessoais, de modo que, regenerados, nada nos impeça de entrar no Reino de Deus. Entretanto todo batizado está propenso a pecar novamente e a sofrer com as consequências do pecado (cf. CIgC, n. 1263).

- Convide-os a se aproximar, em silêncio, do recipiente com areia e tocá-la enquanto pensam em pecados que podem ter cometido e que os afastou de Deus e dos irmãos. A intenção é que um pouco da areia permaneça nas mãos deles, por isso verifique se há necessidade de umedecê-la.

- Enquanto se aproximam, comente que o pecado, assim como a areia, é incômodo, atrapalha nosso viver, nos deixa desconfortáveis diante de Deus, das pessoas e de nós mesmos.

- Quando todos estiverem com as mãos sujas, convide-os a mergulhar as mãos no recipiente com água (a areia irá soltar-se facilmente e ficará depositada no fundo). Enquanto todos mergulham as mãos, use como música ambiente, ou cante com eles, *Banhados em Cristo* (Hinário Litúrgico da CNBB, Tríduo Pascal II, p. 20).

- Conclua dizendo que pelo Batismo nos tornamos criaturas novas em Cristo. Sugere-se dizer: "Por sua Paixão e morte na cruz, sinal da nossa fé (mostrar a cruz), nossos pecados foram sepultados com Jesus e fomos banhados por sua misericórdia (mostrar o recipiente com água). Emergindo da água, desejamos ser guiados por sua luz (apontar para a vela), revestidos da graça de Deus (apontar para as vestes brancas), iluminados por sua Palavra (apontar para a Bíblia), ungidos para lutar contra o mal e testemunhar Jesus com nosso viver (mostrar o recipiente com óleo)".

- Encerre o momento da oração cantando novamente *Banhados em Cristo* e rezando a oração do Pai-nosso.

PERFUMADOS PELO ESPÍRITO

21

Objetivo

Ampliar a compreensão da Confirmação como sacramento que anima e fortalece para a missão de viver e anunciar o Evangelho, por meio dos gestos e símbolos do ritual da Confirmação.

LEITURA ORANTE

- Como passo importante para o preparo do seu encontro, faça um momento de leitura orante dos textos: 2Cor 3,1-6 e 2Cor 2,14-16.

- Propomos também que durante a semana, até o dia do encontro, realize a oração a seguir:

    Deus Pai, renascidos pelo Batismo e confirmados pelo Crisma, suplicamos que envie a plenitude do Espírito Santo sobre nós, para que, por amor a Cristo, nos tornemos suas testemunhas por toda a nossa vida.

FUNDAMENTAÇÃO PARA O CATEQUISTA

Pelo sacramento do Batismo, somos apresentados à vida espiritual e nos tornamos membros do Corpo de Cristo e da sua Igreja. O Espírito Santo nos é transmitido nesse sacramento para nos vivificar e conduzir em nosso caminho de fé, mas, se já o recebemos, qual a necessidade de mais um sacramento para o Espírito Santo? A resposta vem da compreensão de que o Espírito está presente em toda ação de Deus para com a humanidade e em todos os momentos da nossa história pessoal. Nada poderia, portanto, existir ou viver sem o Espírito divino.

O texto de Gênesis fala que, quando céu e Terra foram criados, um vento impetuoso (alento, sopro, hálito, Espírito) pairava sobre as águas (símbolo da vida) (cf. Gn 1,1); as narrativas do Antigo Testamento nos contam sua ação em toda história do povo eleito, como a de Abraão, que vai para uma terra desconhecida, e a de Moisés, que liberta os hebreus do Egito pela ação e força do Espírito do Senhor; o mesmo Espírito estava sobre Saul quando foi ungido rei (1Sm 10,6), apoderou-se de Davi (1Sm 16,13), repousou sobre Isaías (Is 61,1) e conduziu João Batista desde o seio materno (Lc 1,15). Maria, mãe de Jesus e nossa, concebeu pela ação do Espírito de Deus e, pela força d'Ele, Jesus humano foi conduzido em sua missão salvadora quando se fez batizar por João e, então, "o céu se abriu e o Espírito Santo desceu sobre ele em forma de pomba" (Lc 3,22). Ainda, quando foi levado ao deserto, onde resistiu às tentações, voltou de lá pleno da força do Espírito Santo para ensinar, anunciar o Reino, curar, perdoar, amar incondicionalmente e salvar a humanidade (cf. Lc 4,1-15).

A compreensão do sacramento da Confirmação precisa ocorrer à luz do mistério de Cristo e do Espírito Santo. Enquanto o Batismo nos introduz no mistério da morte e ressurreição de Jesus para uma vida nova (Páscoa), a Confirmação nos apresenta a vida produzida pelos frutos da Páscoa que, pelo Espírito, nos faz participantes da missão de Cristo (Pentecostes). O Concílio Vaticano II realça que pela Confirmação nos vinculamos mais à Igreja pela força do Espírito Santo, o que nos obriga a sermos difusores e defensores da fé através de nossas obras e palavras como testemunhas de Cristo (cf. LG, n. 11). Em Pentecostes, o Espírito dado aos apóstolos foi como que a apresentação da Igreja ao mundo, pois eles estavam trancados e amedrontados, mas o Espírito os impulsionou a sair e falar com autoridade e sabedoria. Isso leva à compreensão de que a Confirmação é o sacramento da transformação, do desenvolvimento da fé e do compromisso do cristão com a Igreja e com o mundo. Por ela recebemos a plenitude do Espírito para, com o nosso testemunho, ajudarmos em nossa santificação e na do mundo, "a fim de que Deus seja tudo em todos" (1Cor 15,28).

Os sacramentos são sinais visíveis da presença permanente de Deus na vida da humanidade, por isso cada gesto, palavra, ação ou elemento usado no ritual está repleto de simbolismo e nos ajuda a perceber a graça divina nos envolvendo. Talvez muitos não se deem conta dessa presença e força, por isso é necessário que sejam orientados para que, ao receberem o sacramento, estejam abertos ao Espírito e conscientes do compromisso que assumem com a missão de evangelizar.

A Confirmação é celebrada com a comunidade, e é presidida pelo bispo ou um ministro ordenado que ele delegue. Após a Homilia, os crismandos são apresentados à comunidade e ao bispo que os acolhe. Na sequência, são convidados a renovar as promessas feitas no Batismo, ou seja, renunciar o mal e professar a fé cristã.

Depois da profissão de fé, o bispo estende as mãos sobre os que vão ser crismados e invoca o Espírito Santo sobre cada um deles. Estender ou impor as mãos é um gesto que expressa autoridade, bênção e consagração – Jesus curava e abençoava; os apóstolos ordenavam os diáconos e presbíteros; os reis eram consagrados. Esse gesto também remete à ideia de que algo maior e mais poderoso nos envolve, ou seja, pelo poder de Deus e pela plenitude do Espírito receberemos um dom em vista da missão que assumimos com Deus e nossa comunidade. Isso se expressa pela oração feita neste momento: "*Roguemos a Deus Pai, Todo-Poderoso, que derrame sobre esses vossos filhos e filhas, já renascidos do Batismo para a vida eterna, a fim de confirmá-los pela riqueza de seus dons e configurá-los pela unção ao Cristo, Filho de Deus*" (RICA, n. 363). Impondo as mãos sobre os crismandos, o bispo ou o presbítero reza em silêncio pedindo que o Espírito esteja sobre cada um, depois conclui a oração pedindo sua força e seus dons.

Segue-se a isso a unção com o óleo do Crisma – azeite de oliva acrescido de bálsamo aromático preparado e abençoado na Quinta-Feira Santa –, na qual o crismando será marcado com uma cruz na testa. Essa marca indica que a pessoa agora pertence a Deus. O óleo de oliva é usado como tempero e remédio, mas também servia para ungir atletas que buscavam um melhor desempenho nas lutas. Todas essas peculiaridades se aplicam a quem recebe a unção: conduzidos pelo Espírito Santo, a vida ganha novo sabor, as feridas de nossa alma são curadas e somos ungidos para as lutas que nos aguardam no dia a dia, com a certeza da vitória. Sendo esse óleo perfumado, sua intenção é nos lembrar de que somos ungidos para espalhar o bom perfume de Cristo no mundo (2Cor 2,14) vivendo uma vida virtuosa com autenticidade e transparência. As palavras proferidas pelo bispo enquanto faz a unção – "Recebe, por esse sinal, o Espírito Santo, o dom de Deus" – indicam o selo com o qual somos qualificados como missionários do Reino de Deus. O rito é encerrado com a saudação da paz feita pelo bispo através de um abraço (antigamente era um tapinha no rosto), expressando que o crismando é bem-vindo e aceito na comunidade.

Reflexão bíblica de 2Cor 3,1-6 e 2Cor 2,14-17: Paulo provavelmente estava tendo conflitos na comunidade de Corinto, pois questiona a necessidade de uma carta de recomendação, costume muito comum na época, para que ele anunciasse o Evangelho. Não via lógica nisso, pois ele havia fundado a comunidade e vivera nela por algum tempo, por isso a resposta dele é que a recomendação vem da própria comunidade que, pela ação do Espírito, conformou seu viver a Cristo. A fé em Deus por causa da passagem de Jesus pela Terra é gravada em nós pelo Espírito, de modo que nos tornamos testemunhas vivas dela. Paulo não se coloca em posição especial e esclarece que a mensagem vem de Cristo, sendo ele apenas o portador da mensagem, o carteiro, como todo cristão deve ser por meio de suas ações. O texto de 2Cor 2,14-17 que será utilizado na dinâmica da carta nos remete a outro costume do tempo de Paulo. Depois de uma batalha, os vencedores eram recebidos na cidade com festa, muito incenso e perfumes em demonstração da honra por sua vitória. Atrás deles vinham os prisioneiros de guerra condenados à morte. Em meio a esse aroma, uns iriam morrer enquanto outros celebrariam a vida, daí a analogia de Paulo: o perfume do conhecimento de Cristo é espalhado entre todos, alguns aceitam e vivem felizes (perfume de vida), outros renegam e morrem todos os dias condenados pela dureza de seus corações (perfume de morte).

Depois de ler a fundamentação, reflita um pouco. Para ajudá-lo, apresentamos algumas questões:

1. Você está deixando-se guiar pelo Espírito Santo testemunhando o Cristo em seu cotidiano?
2. Como você está vivendo sua Confirmação na comunidade?

O ENCONTRO

MATERIAIS

- ✓ Uma garrafa de vidro transparente, fechada com uma rolha.
- ✓ Dentro da garrafa, uma carta escrita em papel sulfite enrolada o bastante para que possa ser tirada da garrafa com facilidade.
- ✓ Na carta deve estar escrito o texto de 2Cor 2,14-16. Recomendamos que o escreva com lápis grafite ou de cor para que não borre quando o papel for molhado.
- ✓ Um recipiente com água, preferencialmente transparente, para colocar a garrafa durante a dinâmica. A intenção é que a garrafa boie.
- ✓ Óleo aromático ou creme hidratante.
- ✓ Música instrumental para os momentos de reflexão e oração.

PARA INICIAR O ENCONTRO

- Comece perguntando se já participaram de alguma celebração da Crisma e o que sabem dizer sobre ela; se sabem quais gestos e símbolos são usados no ritual e o que significam. Acolha as respostas e convide-os a conhecer um pouco mais sobre esse sacramento que nos concede o dom do Espírito Santo, especialmente o que acontece durante o rito celebrado.

CRESCER COM A PALAVRA

- ✝ Convide-os a orar pedindo as luzes do Espírito Santo para compreender melhor os ensinamentos do Senhor: *Vinde, Espírito Santo, enchei os corações...*

- ✝ Motive a leitura de 2Cor 3,1-6 e depois peça que expressem uma palavra que tenha lhes falado ao coração.

- Leia com eles o texto introdutório do livro do catequizando sobre as cartas de recomendação e encaminhe a partilha do que compreenderam sobre o tema. Esclareça que o cristão é uma carta de recomendação de Cristo por meio de suas ações e testemunho; o Espírito é que escreve em nossos corações o amor a Jesus e ao Reino de Deus. Depois, oriente-os na realização da atividade 1.

- Comente que eles estão se aproximando cada vez mais do dia em que receberão o sacramento da Confirmação, por isso é necessário que conheçam e compreendam o significado de cada ação e gesto durante o ritual.

- Explique que, ao final de cada tópico, está proposta uma reflexão e uma resposta a ser dada a Deus, bem como um versículo bíblico que a fundamenta.

- Lembre-se de comentar que, por conta de um número alto de crismandos em uma celebração de Confirmação, algumas ações e gestos são adaptados por uma questão de praticidade, como impor a mão sobre cada crismando individualmente e chamar um a um pelo nome. Em celebrações numerosas, por exemplo, o presbítero apresenta todos os crismandos de uma só vez e, no momento da unção, o bispo pronuncia os nomes deles.

- Complemente as informações de cada tópico com base na *Fundamentação para o catequista* sempre que necessário.

- No item *Creio*, oriente que a renovação das promessas batismais e a profissão de fé podem ser feitas em celebração separada dependendo do número de crismandos, com a autorização do bispo. Motive-os para a atividade 3 do livro.

- A atividade 4 está sugerindo que imaginem gestos e orações que serão feitas no dia em que receberão o sacramento. Oriente-os a fechar os olhos e imaginar o Espírito fluindo neles no momento do silêncio, iluminando suas vidas e aceitando-os com suas limitações e virtudes, exatamente como são. Peça que imaginem o Espírito Santo sussurrando em seus ouvidos: "Estarei contigo eternamente".

- Quando terminar as considerações, no item *Unção com o Crisma*, solicite que observem a imagem que está no livro do catequizando. Pegue a garrafa com a mensagem dentro que você usou na ambientação e comente que cartas deixadas em garrafas lançadas ao mar fazem parte do nosso imaginário, pois hoje usamos as redes sociais para mandar mensagens.

- Argumente que a função da carta é levar uma mensagem, portanto, se não for aberta, ela não serve a essa finalidade. Faça a seguinte analogia com a garrafa e com a água que você preparou: "A garrafa representa a todos nós; a água, o Espírito Santo que nos envolve o tempo todo, desejando que nos abramos para a sua ação; e a carta dentro da garrafa representa nosso coração e a essência da nossa fé".

- Diga-lhes que não adianta estarmos envolvidos pelo Espírito se não nos abrirmos a Ele, pois seremos como garrafas jogadas ao mar, levadas de um lugar a outro pelas ondas podendo até se quebrar.

- Deus colocou em nossos corações sua mensagem de amor para que o mundo leia em nosso viver essa mensagem. Por isso, se desejamos que nos leiam, temos que nos abrir ao Espírito Santo para sermos inundados por Ele.

- Pergunte o que está impedindo a água de entrar na garrafa (rolha). Depois pergunte o que pode estar sendo a rolha que não permite a ação do Espírito em nós.

- Tire a rolha da garrafa e deixe a água entrar nela até que a carta chegue à boca e você consiga tirá-la. Abra-a com cuidado, pois o papel estará molhado e poderá se rasgar facilmente, depois leia a mensagem para eles.

- Converse sobre o conteúdo da carta e contextualize o texto conforme o orientado na fundamentação, então encaminhe-os para a atividade 5.

CRESCER NO COMPROMISSO

- Converse sobre a importância de seus padrinhos/madrinhas acompanhá-los no ritual e em sua caminhada de fé. Oriente-os sobre os critérios que a Igreja recomenda para essa escolha: que seja maior de dezesseis anos, católico, confirmado, já tenha recebido o santíssimo sacramento da Eucaristia e leve uma vida de acordo com a fé e o encargo que vai assumir. Depois oriente-os na escrita de uma carta ao padrinho/madrinha como compromisso da semana. Sugira aos que ainda não convidaram seus padrinhos/madrinhas a fazerem o quanto antes essa escolha.

CRESCER NA ORAÇÃO

- Coloque um pouco de óleo aromático ou creme hidratante nas mãos de cada catequizando e solicite que esfreguem uma mão na outra, massageando as próprias mãos. Pergunte se sentem o calor que as mãos produzem enquanto são esfregadas e massageadas; se percebem a suavidade e maciez da pele como efeito do óleo ou creme, além do perfume que se impregna nela.

- Peça que pensem o que em seu viver precisa ser suavizado, o que precisa ser aquecido, massageado e perfumado.

- Comente que as pomadas também são feitas à base de óleos e pergunte quais feridas precisam ser curadas na história deles.

- Encerre o momento rezando a oração do livro do catequizando.

Anotações

DONS QUE ILUMINAM A VIDA

22

Objetivo

Compreender os dons e carismas do Espírito Santo como presentes especiais de Deus que orientam nosso viver.

LEITURA ORANTE

- Como passo importante para o preparo do seu encontro, faça um momento de leitura orante dos textos: Is 11,1-4 e Rm 12,5-8.

- Propomos também que durante a semana, até o dia do encontro, realize a oração a seguir:

  Senhor, conduzido pelo Espírito Santo, ensina-me a reconhecê-lo nas pequenas coisas desse mundo, no encontro com os nossos semelhantes e, em especial, naqueles que não contam com ninguém. Amém.

FUNDAMENTAÇÃO PARA O CATEQUISTA

A fé cristã nasce de um encontro pessoal e profundo com o Pai, através de Jesus, o Filho, sob a ação do Espírito Santo. Essa experiência transformadora nos incorpora à Igreja, nos torna seguidores de Cristo e anunciadores do amor de Deus, ou seja, seus discípulos missionários. Pelo sacramento da Confirmação somos envolvidos pelo Espírito Santo, recebemos dons e carismas que nos ajudam a viver na graça e sermos fiéis à missão recebida.

O primeiro dom é o amor, pois nele estão todos os outros. Este dom de Deus foi derramado em nossos corações pelo Espírito Santo, a fim de nos nutrir, curar, organizar, vivificar, enviar a dar testemunho e nos santificar. Por ele, os fiéis são impelidos para que levem à perfeição as virtudes que recebem, tornando-se dóceis na obediência pronta às inspirações divinas (cf. ClgC n. 733, 739, 1839).

No sacramento da Confirmação, recebemos os sete dons do Espírito Santo que são: sabedoria, entendimento, conselho, fortaleza, ciência, piedade e temor de Deus. Esses dons identificam a pessoa que vive a partir de Deus e que está em plena sintonia consigo mesma, com o mundo e com o Evangelho; alguém que sempre conta com Deus e tem em Jesus sua referência para tudo o que pensa e faz.

O Espírito Santo é uma fonte inesgotável de graças, por isso existem outros dons chamados "carismas" que são úteis e devem ser ordenados para edificar a comunidade de fé e contribuir em nossas relações fraternas. O verdadeiro carisma é sempre um sinal do amor de Deus dado pelo Espírito gratuitamente a quem, como e onde Ele quer. Não são dons que se possa manipular e usar em benefício próprio.

São Paulo nos lembra de que o Espírito Santo é que nos abre à fé, já que "Ninguém pode dizer 'Jesus é o Senhor' a não ser pela ação do Espírito Santo" (1Cor 12,3). Para estar em Cristo, portanto, é preciso, antes de mais nada, ser tocado pelo Espírito e deixar-se conduzir por seu fogo abrasador para ser sal e luz no mundo. O Espírito Santo com o qual somos presenteados pelo Pai nos identifica com Jesus: Caminho, Verdade e Vida. Crer em Jesus Cristo vivendo no Espírito Santo nos conduz à plenitude da vida.

Reflexão bíblica de Isaías 11,1-4 e Romanos 12,5-8: Jessé é considerado pai de todos os reis da dinastia de Davi, e Jesus, o Rei dos reis, é dessa linhagem. Ao anunciar a chegada de um broto especial no tronco de Jessé, Isaías fala do Messias sobre quem repousa o Espírito do Senhor com os dons que o rei precisa para estabelecer um governo de justiça e paz. Pelo Espírito, os mesmos dons que envolveram Jesus humano nos envolvem no sacramento da Confirmação e nos conferem a força necessária para fazer o Reino acontecer.

Paulo, aos romanos, compara a comunidade com o corpo de Cristo, apresentando mais dons e carismas que devem estar em conformidade com a fé e ser colocados a serviço de todos. A mensagem pede que o que recebemos pelo Espírito seja oferecido com disponibilidade e sinceridade não para nosso proveito, mas para que o mundo fique melhor. A profecia deve ser usada fundamentada na fé, e não para satisfazer curiosidades; serviço, conhecimento, orientação, generosidade, consolo e alegria precisam mostrar que o amor é a finalidade última de cada ação cristã. É importante mencionar, também, que todos os dons e carismas são provenientes do mesmo Espírito, que a tudo e a todos unifica e santifica (cf. 1Cor 12,4-11).

Depois de ler a fundamentação, reflita um pouco sobre a seguinte questão:

1. Tenho me esforçado em fazer com que os catequizandos compreendam o verdadeiro sentido do sacramento da Confirmação e do compromisso cristão de comunhão e participação na comunidade?

O ENCONTRO

MATERIAIS

- ✓ Sete tarjas com os nomes dos dons do Espírito Santo: SABEDORIA, ENTENDIMENTO, CONSELHO, FORTALEZA, CIÊNCIA, PIEDADE, TEMOR DE DEUS.
- ✓ Cartões pequenos com os nomes de dons e carismas diversos para que cada catequizando possa pegar um.
- ✓ Uma caixa de presente bem decorada, que a tampa possa ser removida. Dentro dela, os cartões com os dons.

PARA INICIAR O ENCONTRO

- Converse com o grupo explicando que dons e carismas descrevem uma pessoa que vive a partir de Deus, por isso percebe a realidade como ela é e tem a capacidade de agir a partir dos critérios divinos. Reze com eles invocando o Espírito Santo.

CRESCER COM A PALAVRA

† Divida os catequizandos em dois grupos. Dê a um deles o texto de Isaías 11,1-4 e ao outro o texto de Romanos 12,5-8.

- Solicite que leiam e partilhem no pequeno grupo o que entenderam sobre o texto. Peça que escolham um representante para explicar ao outro grupo a síntese do que conversaram.
- Oriente os dois grupos separadamente sobre possíveis dúvidas que possam ter a respeito do texto.
- Encaminhe-os para a atividade 1 do livro do catequizando.
  - **As respostas são:**
    - Isaías – sabedoria, entendimento, conselho, fortaleza, ciência, piedade, temor de Deus.
    - Romanos – profecia, serviço, ensinamento, encorajamento ou exortação, generosidade (dar esmolas), presidir, ser misericordioso.
- Comente que os dons do Espírito Santo descritos no livro do catequizando são invocados pelo bispo no ritual da Crisma, e que cada um deles nos faz mais íntimos de Deus e nos ajuda a organizar nossa vida segundo os critérios do Espírito Santo.
- Oriente-os na realização da atividade 2 e ajude-os a relacionar o texto com o dom correspondente.
  - **As respostas são:**
    - **a.** Sabedoria; **b.** Entendimento; **c.** Conselho; **d.** Ciência; **e.** Fortaleza; **f.** Piedade; **g.** Temor de Deus.
- Convide-os a observar a imagem no livro do catequizando e comente que ela nos remete ao dia de Pentecostes, quando os apóstolos receberam o Espírito Santo. Diga que Maria, mãe de Jesus, estava com eles, assim como sempre está conosco.
- Leia com eles o texto *Viver pelo Espírito Santo* e solicite que partilhem o que compreenderam sobre a ação do Espírito na vida do cristão.
- Encaminhe-os para a realização da atividade 3, incentivando que partilhem suas respostas com o grupo. Finalize comentando a diversidade de dons que temos em um grupo pequeno como o deles, e como esses dons podem fazer a diferença no mundo.

CRESCER NO COMPROMISSO

- Pegue a caixa de presente com os cartões dentro e fale sobre a alegria que temos em poder dispor de nossos dons para o bem. Diga que alguns dons são muito aparentes em nós e que outros podem ser desenvolvidos.

- Passe a caixa a todos do grupo e solicite que retirem de dentro dela um cartão. Ao retirarem, peça que leiam o dom que está escrito nele.

- Explique que o compromisso proposto é o de, durante um mês, procurar desenvolver o dom que retirou da caixa. Comente que podemos fazer isso nas coisas simples do nosso dia a dia.

CRESCER NA ORAÇÃO

- Convide-os para rezar a Sequência de Pentecostes. Explique que se trata de um texto de gênero litúrgico, cujo nome deriva do fato de ser cantada ou recitada após a Aclamação, como um prolongamento do Aleluia.

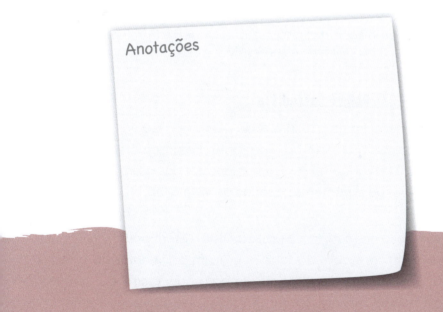

Anotações

23 ALIMENTADOS PELA EUCARISTIA

Objetivo: Compreender o significado e as exigências da Eucaristia para a vida cristã.

LEITURA ORANTE

- Como passo importante para o preparo do seu encontro, faça um momento de leitura orante do texto: 2Rs 19,3-15.

- Propomos também que durante a semana, até o dia do encontro, realize a oração a seguir:
  Senhor, eu não sou digno de que entreis em minha morada, mas dizei uma palavra e serei salvo. Amém.

FUNDAMENTAÇÃO PARA O CATEQUISTA

A comunhão fraterna, expressada numa vida de partilha e amor, é o sentido mais profundo da vida cristã. Para compreender isso é necessário observar como a vida humana é frágil e passageira, percebendo que todos nós temos o sonho de viver a felicidade completa e eterna.

A Eucaristia nos convida à prática cristã. Quem participa do banquete Eucarístico é convidado a se unir aos sofrimentos de Cristo e imitá-lo: a nossa vida deve ser doada para que, morrendo com Ele, participemos de sua ressurreição. Animados pela presença de Cristo em nós, somos chamados a antecipar o Reino definitivo aqui, fazendo acontecer a mesa da união, da justiça e da paz. Para que isso seja possível, é necessário passar pela morte de Cristo para ressuscitar para uma vida nova.

Participar da Eucaristia é comprometer-se com o Reino de Deus e comungar com os irmãos. É formar a grande família dos filhos de Deus, tornando-nos um: "Quem come minha carne e bebe o meu sangue permanece em mim e eu nele" (Gl 2,20). Podemos falar da Eucaristia como sacrifício, como alimento e como presença amiga (cf. RIBÓLLA, 1990). É sacrifício, pois nos lembra do grande ato de amor de Cristo pela humanidade: Ele deu a vida por nós.

A Celebração Eucarística nos ajuda a fazer memória desse momento de salvação. É alimento, pois acontece em uma mesa, em uma refeição comunitária. Ao participar da mesa Eucarística tomamos parte da missão de Cristo e comungamos, como comunidade, do desafio de sermos outros cristos para o mundo. É importante compreender a Eucaristia como presença amiga de Jesus que permanece na hóstia consagrada e deseja estar conosco, por isso adoramos o Santíssimo Sacramento e temos respeito pelo Sacrário, que nos recorda a permanência de Jesus em nosso meio. No entanto é preciso lembrar que Jesus não instituiu a Eucaristia para "ficar na frieza do Sacrário. Eucaristia é alimento, é nutrição, é refeição para a comunidade com Ele e com os irmãos. O Deus do amor, por nosso amor, se fez gente, se fez crucificado e se fez pão" (RIBÓLLA, 1990, p. 88).

Reflexão bíblica de 2Reis 19,3-15: No texto indicado acompanhamos o profeta Elias em sua trajetória até o Monte Horeb. Elias está fugindo da ameaça de morte que recebeu de Jezabel por ter matado os profetas de Baal. Para escapar, ele foge para o deserto e se dirige até Horeb, onde pretende encontrar a Deus.

De acordo com Pupo (2020), podemos compreender esse texto considerando os seguintes aspectos:

- Ao longo do caminho, acompanhamos a dificuldade de se manter firme, pois não é fácil atravessar o deserto. Porém Elias é alimentado pelo anjo do Senhor, que lhe prepara água e pães quentes e o acorda para comer.
- Na trajetória de Elias podemos identificar a trajetória de nossos catequizandos ao longo do caminho de sua vida cristã. Nem sempre é fácil seguir o que nos é indicado pelo Evangelho, por

isso a Eucaristia se apresenta como alimento que nos impulsiona a seguir em frente com a certeza de que, mesmo quando nos faltam as forças, o Senhor caminha conosco e nos alimenta para a jornada.

- O pão que Elias recebe como um milagre que lhe devolve as forças o ajuda a seguir até o Monte Horeb, que simboliza os lugares nos quais podemos encontrar a Deus e fazer a experiência de sua presença. Não podemos definir, antecipadamente, como Deus irá se manifestar, apenas sentimos sua presença que passa e transforma nossas vidas.

- Falar da Eucaristia com esse texto quer nos ajudar, para além do barulho, a perceber e identificar a presença divina no silêncio e na paz, como companhia constante para a vida, como alimento que nos fortalece e como ponto de chegada, lugar ao qual podemos retornar sempre e encontrar a beleza de nossa vida.

Depois de ler a fundamentação, reflita um pouco. Para ajudá-lo, apresentamos algumas questões:

1. Qual o sentido da Eucaristia em minha vida?
2. O que sinto quando me aproximo da Eucaristia?
3. Tenho transformado minha vida em uma vida Eucarística?

O ENCONTRO

MATERIAIS

- ✓ Bíblia, vela e flores.
- ✓ Uma bandeja com pequenos pães (um para cada catequizando).

PARA INICIAR O ENCONTRO

- Acolha os catequizandos e introduza o tema do encontro por meio de uma breve conversa sobre o que eles entendem da Eucaristia e qual o sentido da comunhão na vida deles.

CRESCER COM A PALAVRA

- Motive-os para acompanhar a leitura de 1Rs 19,3-15.
- Reflita com eles sobre o texto a partir das questões da atividade 1.
- Leia com eles os textos no livro do catequizando e os ajude na atividade 2, relacionando os desenhos com o texto bíblico.
- A atividade proposta está inspirada no livro *Celebrações no itinerário catequético... Sobre o que estamos falando?*, de Débora Regina Pupo (Vozes, 2020).
- Após a realização da atividade, convide-os a partilhar as respostas e perceba se conseguiram entender o sentido do texto de acordo com a reflexão bíblica apresentada na fundamentação.
- Incentive-os a compor uma oração na atividade 3.

CRESCER NA ORAÇÃO

- Apresente aos catequizandos a bandeja com os pães e relembre que no texto bíblico Elias foi acordado para comer. Repita as palavras do anjo no texto: "Levanta-te e come, que o caminho é longo". Comente que essa frase pode ser lembrada toda vez que nos aproximamos da Eucaristia.
- Convide-os a rezar a oração que escreveram, na atividade 3. Após rezá-la, cada um se aproxima e pega um dos pães.
- Fica a critério do catequista se motiva para que cada um coma o pão ainda no encontro ou que o leve para casa e partilhe com sua família.
- Encerre o momento de oração rezando o Pai-nosso.

CRESCER NO COMPROMISSO

- Recorde que nem todos têm pão e que a fome mata muitas pessoas. Motive-os para realizarem a coleta de alimentos, roupas e materiais de higiene entre as pessoas da família, vizinhos etc.
- A coleta pode ser feita durante a semana e, no próximo encontro, o grupo pode decidir qual a melhor maneira de entregar as doações. Podem escolher uma família e levá-las, ou podem entregá-las na secretaria para que sejam destinadas às famílias ajudadas pela comunidade.

ILUMINADOS POR CRISTO

Celebração com as famílias

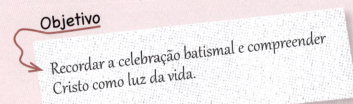

Objetivo

Recordar a celebração batismal e compreender Cristo como luz da vida.

LEITURA ORANTE

- Como passo importante para o preparo do seu encontro, faça um momento de leitura orante do texto: Jo 1,1-14.

FUNDAMENTAÇÃO PARA O CATEQUISTA

A vela recebida no Batismo simboliza a chama da fé que ilumina nossa vida. Bem sabemos que a prática atual na Igreja é batizar crianças pequenas, portanto a memória do Batismo é nutrida por recordações especiais desse dia.

Propomos uma celebração em que se faça memória da luz e da água, dois símbolos importantes no Batismo. A simbologia sacramental nos permite recordar o sentido da celebração e sua importância em nossa vida. Jesus é a luz que ilumina a todos e dissipa a escuridão do medo e do pecado. Regenerados em Cristo, somos por Ele iluminados e fortalecidos para crescer na fé, na esperança e na caridade.

ORIENTAÇÕES GERAIS

- Marque a data da celebração com antecedência e envie convite aos pais e padrinhos dos catequizandos.

- Sugerimos que reúnam todos os grupos de catequizandos que se preparam para o sacramento da Confirmação.
- Peça aos catequizandos que tragam para a celebração algum objeto que lembre o dia do seu Batismo: a roupa usada, uma foto, a certidão de Batismo, a vela. Oriente os catequizandos que não possuírem nenhum desses objetos a escreverem em um papel seus nomes e a data de seus Batismos para trazerem consigo.

MATERIAIS

- Círio Pascal.
- Ambão da Palavra.
- Cruz processional.
- Recipiente transparente com água.
- Velas para iluminar o ambiente espalhadas perto do Círio e do Ambão da Palavra.
- Uma vela para cada catequizando.

PREPARANDO A CELEBRAÇÃO

- Sugere-se que este momento celebrativo seja feito à noite e que o local escolhido para a realização esteja pouco iluminado, com luz suficiente para que as pessoas se acomodem com segurança. Antes de iniciar a celebração, apagar todas as luzes.

CELEBRAÇÃO

ACOLHIDA

Animador: "No princípio Deus criou o céu e a terra. A terra estava deserta e vazia, as trevas cobriam o oceano e um vento impetuoso soprava sobre as águas" (Gn 1,1). Sem a luz, nada mais poderia existir, pois ela é fonte de vida. A luz faz crescer a planta, aquece o frio, movimenta o ar, nos dá segurança e nos permite vislumbrar todas as coisas criadas por Deus. Não é à toa que o Criador ordena primeiro: "'Faça-se a luz!' E a luz se fez" (Gn 1-3).

Leitor 1: Assim como tudo o que vive precisa da luz, nossa vida espiritual depende da luz de Nosso Senhor. Quando nos afastamos dessa luz, nossa alma mergulha nas trevas do pecado e nos tornamos tristes e amargos. Conhecendo nossas limitações e a nossa constante propensão a andar nas trevas do pecado, o Senhor fez-se carne e quis estar entre nós. (Um catequista acende o Círio) "O povo que andava nas trevas viu uma grande luz. Sobre os que habitavam a terra, da sombra brilhou uma luz" (Is 9,1).

Animador: Hoje queremos celebrar a grande luz que é o Senhor em nossas vidas e pedir especialmente que esses adolescentes, que trilham o caminho da Iniciação Cristã, sejam iluminados e guiados pelos ensinamentos que receberam de Jesus Cristo, para que a Luz resplandeça através deles nesse mundo.

Canto (Sugere-se *Deixa a luz do céu entrar*).

Presidente: Iniciemos nossa celebração manifestando que Deus é comunidade e nos reúne em nome do Pai e do Filho e do Espírito Santo.

Todos: Amém.

Presidente: Acolhe a todos espontaneamente.

Catequista: No tempo em que um ambiente não podia ser iluminado com o simples clique de um botão, o acender das luzes no final do dia para as orações era um ritual de louvor e reconhecimento da luz maior que é Cristo. Esse ritual, seguido das orações da noite, era chamado de lucernário. Vamos pedir que a luz do Cristo Jesus ilumine nosso viver, assim como a luz do fogo ilumina esse ambiente.

O presidente acende uma vela no Círio e depois acende as velas colocadas perto do altar. Ele pode ser auxiliado por um catequista.

Canto: Refrão orante sobre luz.

Sugestões: *Ó luz do Senhor* (Frei Luis Turra), *Luz que ilumina* (Mirian Kolling) e *Luz da Luz, infinito sol* (letrista: Frei José Moacyr Candenassi, OFMCap; Música: Ney Brasil).

Presidente: Senhor, nosso Deus, que aquece o nosso coração com o fogo do amor, fazei com que possamos acolher vossa luz celestial para andarmos seguros pelos caminhos da justiça e da caridade. Por Cristo, Senhor nosso, e por teu Santo Espírito.

Todos: Amém.

Catequista: Rezemos o Salmo 118(119),105-112, repetindo após cada versículo:

Tua palavra é uma lâmpada para meus passos e uma luz para meus caminhos

Tua palavra é uma lâmpada para meus passos e uma luz para meus caminhos.

Fiz um juramento, e o confirmo, de observar tuas justas decisões.

Tua palavra é uma lâmpada para meus passos e uma luz para meus caminhos

Estou por demais humilhado: Senhor, reanima-me segundo a tua promessa!

Aceita, SENHOR, as oferendas de minha boca e ensina-me tuas decisões!

Tua palavra é uma lâmpada para meus passos e uma luz para meus caminhos.

Tenho sempre nas mãos minha vida, mas não esqueci tua lei.

Os ímpios me armaram uma cilada, mas não me desviei de teus preceitos.

Tua palavra é uma lâmpada para meus passos e uma luz para meus caminhos.

Tuas prescrições serão sempre minha herança; são a alegria do meu coração.

Inclinei meu coração a cumprir teus decretos para sempre, até o fim.

Tua palavra é uma lâmpada para meus passos e uma luz para meus caminhos.

PROCLAMAÇÃO E REFLEXÃO DA PALAVRA

Canto: Aclamação ao Evangelho.

Presidente: Proclamação do Evangelho segundo São João 1,1-14.

Leitor 1: Composto no século V, o hino *Luz radiante* é o mais antigo de saudação da luz. Vamos recitá-lo em prece pedindo ao Senhor a graça de sermos sempre revestidos de sua luz.

Todos: *Luz alegre e santa glória do Pai imortal, celeste, santo, bendito Jesus Cristo. Tendo chegado o pôr do sol e contemplando a luz da noite, louvamos a Deus Pai, Filho e Espírito Santo. É oportuno que em todos os momentos tu devas ser louvado com vozes auspiciosas, Filho de Deus, Doador da vida: por isso todo o universo te glorifica.*

Leitor 1: "Outrora éreis trevas, mas agora sois luz no Senhor. Comportai-vos como filhos da luz" (Ef 5,8). Quando fomos batizados, morremos para o pecado e renascemos para nos tornarmos em Jesus filhos da Luz e membros da comunidade. Banhados pela água que gera vida, vamos recordar nosso Batismo. Convido todos a se ajoelharem e, enquanto somos aspergidos, cantemos.

Canto: *Banhados em Cristo* (adaptação de Ione Buyst, em Kolling, 2004, n. 1459f, p. 318).

Catequista: No dia do nosso Batismo, nossos padrinhos acenderam uma vela no Círio Pascal, símbolo do Cristo Ressuscitado, luz do mundo. Um casal de padrinhos acenderá a vela de seu afilhado no Círio e partilhará essa luz com os demais, refazendo o gesto realizado no dia do Batismo.

Caso o padrinho ou a madrinha não esteja presente, os pais ou responsáveis pelo adolescente seguram a vela.

Canto (Sugere-se *Dentro de mim* – Padre Zezinho, álbum *Deus é Bonito*).

Animador: Convido os catequizandos a tomarem nas mãos o objeto que trouxeram como lembrança do Batismo e rezarem:

Catequizandos: *Senhor Jesus, no dia em que fui batizado, meus pais e padrinhos me deram o melhor de todos os presentes: a fé em ti. Hoje rendo graças por esse presente que recebi e peço que abençoe* meus pais e padrinhos. Digo a vós, Jesus, luz radiante, que desejo por mim mesmo viver meu Batismo enquanto caminhar neste mundo e for testemunha de vossa luz e de vosso amor. Amém.

Catequizandos entregam a lembrança aos pais.

Os padrinhos, ou na ausência deles, quem estiver com a vela, rezam a oração a seguir.

Oração: *Senhor Jesus, nós agradecemos por ter confiado a nós essa criança que, agora crescida, deseja testemunhar sua fé. Que iluminados por ti, cumpram a missão de ser, também, luz no mundo.* (Entregam a vela ao catequizando dizendo:) *Recebe a luz de Cristo!* (Catequizando recebe a vela e responde:) *Que a luz de Cristo resplandeça em minha vida! Amém.*

Catequizandos: Erguer as velas e cantar: *Dentro de mim* (Padre Zezinho).

Neste momento, acendem-se todas as luzes da local da celebração

Presidente: Como família, povo escolhido por Deus, rezemos com amor e confiança a oração que o Senhor nos ensinou: *Pai nosso...*

BÊNÇÃO FINAL: NM 6,24-26

Os cantos estão no livro: KOLLING, I. M. T. *Cantos e orações:* para a liturgia da missa, celebrações e encontros. 4. ed. Petrópolis: Vozes, 2004.

Celebração

CONFIRMADOS PELO ESPÍRITO

Objetivo

Refletir, com o exemplo de Jesus, que, para assumir uma missão, é preciso recolhimento, oração e decisão.

LEITURA ORANTE

- Como passo importante para o preparo do seu encontro, faça um momento de leitura orante do texto: Lc 4,1-21.

FUNDAMENTAÇÃO PARA O CATEQUISTA

Ao meditar sobre a experiência de Jesus no deserto, é possível perceber que estar revestido pelo Espírito Santo não significa estar imune às tentações e dificuldades, mas envolvidos pela força do alto que nos ajudará a seguir com entusiasmo nossa vida.

Jesus, após o Batismo, passa por uma intensa preparação espiritual para assumir sua missão. A experiência no deserto parece ser o momento no qual Jesus, de maneira mais intensa, interioriza sua missão e faz a opção de seguir o projeto do Pai e anunciar o Reino colocando-se por inteiro nessa missão.

É possível perceber a convicção de que Jesus age com a força do Espírito Santo (Lc 4,1;14;18); seja no deserto, seja na sinagoga, o Espírito garante força e significado às ações de Jesus.

Em relação às tentações às quais Jesus é submetido, vemos que elas dizem respeito a dimensões importantes da vida: alimento (Lc 4,2-4), posses (Lc 4,5-8), segurança (Lc 4,9-12). Não é errado precisar se alimentar, ter o necessário para viver e sentir-se em segurança. O problema é quando esses bens são buscados fazendo-se uso de meios nem sempre corretos e dignos.

Jesus compreende que toda a sua vida deve ser colocada a serviço e vivida de acordo com a vontade do Pai que o enviou. Ceder às tentações é optar por atalhos que o levariam para longe do caminho do bem.

Na segunda parte do texto, acompanhamos a "estreia" de Jesus em sua missão de revelar o Pai e fazer o Reino acontecer. Por seu discurso de abertura, vemos que Ele não opta por atalhos, antes resgata a profecia de que Deus vem ao socorro dos que esperam por Ele, e vem como servo libertador.

MATERIAIS

- ✓ Desenhe e recorte, em número suficiente para cada catequizando, os seguintes elementos:
    - Pés.
    - Mãos.
    - Coração.
- ✓ Galhos secos e espinhos.
- ✓ Almofadas ou tapetes (pode-se pedir aos catequizandos que tragam).
- ✓ Bacia ou fôrma de alumínio.
- ✓ Fósforos/isqueiro.
- ✓ Velas (uma para cada catequizando).
- ✓ Círio Pascal.
- ✓ Flores e plantas diversas para ornamentar os ambientes.
- ✓ Crucifixo.

AMBIENTAÇÃO

- Prepare três ambientes de acordo com as seguintes indicações:

Ambiente 1 – Crescer com a Palavra

- Organize um espaço onde todos possam se sentar com tranquilidade.
- Arrume a Bíblia aberta ao lado de flores e uma vela. Próximo à Bíblia, espalhe os desenhos dos corações.

Ambiente 2 – Crescer na Oração

- Organize o espaço com o crucifixo, a bacia ou fôrma de alumínio e, ao redor, os desenhos das mãos.
- Espalhe ao redor do crucifixo os galhos secos e espinhos.

Ambiente 3 – Crescer no Compromisso

- Coloque em destaque o Círio Pascal. Ao redor dele, o desenho dos pés e as velas menores.
- Providencie flores e plantas para alegrar o ambiente.

PREPARANDO A CELEBRAÇÃO

- Sugerimos que este momento seja realizado com seu grupo próximo à celebração do sacramento da Confirmação (se desejar, poderá reunir dois ou mais grupos).
- Organize um momento festivo que deverá acontecer após a celebração. Pode ser um piquenique, um festival de música, um luau ou outro no qual possam confraternizar.

CELEBRAÇÃO

ACOLHIDA

Catequista: Queridos catequizandos, sejam bem-vindos. Nosso convite é para caminharmos iluminados pela Palavra e refletirmos sobre nosso compromisso de crismados. Vamos nos acolher cantando.

Canto: À escolha do catequista.

Catequista: Aproxima-se um grande momento na caminhada cristã de vocês: a celebração do sacramento da Confirmação. Por isso convidamos vocês para um momento de oração e meditação com a Palavra de Deus. Iniciemos em nome do Pai e do Filho e do Espírito Santo.

Sabemos que o Espírito Santo já habita em nós. Vamos pedir que Ele nos conduza nesta reflexão.

Canto (Sugere-se *A nós descei, divina luz*, ou outro à escolha do catequista).

Oriente para que se desloquem até o ambiente 1. Pode-se cantar algum canto que favoreça o recolhimento e a oração.

CRESCER COM A PALAVRA – AMBIENTE 1

Catequista: Aclamemos o Evangelho cantando.

Canto: À escolha do catequista.

Leitor: Vamos ouvir o Evangelho segundo São Lucas 4,1-21.

Catequista: Vamos realizar passo a passo a leitura orante.

Com o auxílio de uma música instrumental, peça que fechem os olhos e oriente-os na realização destes passos.

1. Respire lentamente e pense no encontro com o Senhor.
2. Coloque-se na presença d'Ele, faça o sinal da cruz e diga: *Tu me vês*.
3. Leia, silenciosamente, o texto bíblico: Lc 4,1-21. Releia, lentamente, versículo por versículo.
4. Lembre que em cada palavra está o Senhor, que fala para cada um de nós, hoje.
5. Saboreie a Palavra de Deus, para encontrar paz e tranquilidade.
6. Movido pelo texto lido, converse com Jesus, de amigo para amigo, e reze com as seguintes palavras: *Senhor, dá-me tua força e ajuda-me a escolher sempre o bem!*

Após o momento de meditação, motive-os a pegar um dos corações e escrever dentro dele um versículo que lhes chamou atenção. Em seguida, convide-os para o próximo momento.

Enquanto se dirigem ao ambiente 2, recomenda-se um canto que favoreça o recolhimento e a oração.

CRESCER COM A ORAÇÃO – AMBIENTE 2

Catequista: Jesus foi tentado no deserto, mas com a força do Espírito Santo escolheu o caminho correto.

Todos: Jesus, cheio do Espírito Santo, venceu as tentações e nos mostrou qual caminho seguir.

Catequista: Vamos recordar as tentações de Jesus. Ouçamos.

Leitor 1: Vamos ouvir o Evangelho segundo São Lucas 4,1-13.

Leitor 2: A primeira tentação de Jesus refere-se a uma necessidade básica: Ele sentia fome.

Todos: Se és Filho de Deus, manda que esta pedra se transforme em pão.

Leitor 3: Sentir fome faz parte da nossa natureza. O pão representa aqui tanto o alimento material quanto o espiritual.

Todos: Não se vive somente de pão, mas de toda a Palavra que sai da boca de Deus.

Catequista: A segunda tentação refere-se à necessidade de possuir algo, de ter coisas e de construir, de garantir nosso sustento e nossas posses.

Todos: Eu te darei todo este poder e a riqueza desses reinos.

Leitor 1: Novamente Jesus é tentado a pegar um atalho para sua vida: aceitar qualquer meio para garantir posses e riquezas.

Todos: O diabo lhe mostrou todos os reinos; tudo seria de Jesus, bastava que Ele o adorasse.

Leitor 2: Não é errado projetar sonhos e ter o desejo de alcançar bens materiais, pois precisamos sobreviver. O problema, nesse caso, é que o diabo propõe que Jesus coloque o seu bem-estar acima de tudo e adore o "deus dinheiro", buscando-o com todos os meios.

Todos: Adorarás o Senhor teu Deus e só a Ele prestarás culto!

Catequista: A terceira tentação refere-se à compreensão de que Deus nos protege e nos guarda; está relacionada com a nossa segurança.

Todos: Se és Filho de Deus, lança-te daqui abaixo, pois Ele te protegerá.

Leitor 1: Ser filho de Deus não significa viver descuidado e desatento. Deus cuida de nós e nos pede atenção, por isso devemos colaborar com Ele e evitar situações perigosas e de muito risco.

Todos: Não porás à prova o Senhor, teu Deus.

Catequista: As três tentações a que Jesus é submetido apresentam um roteiro de vida em que se busca caminhos mais fáceis, ainda que incorretos, para alcançar o que precisamos e queremos.

Motive-os para que reflitam sobre suas escolhas e ações.

Oriente para que cada um pegue um dos desenhos das mãos que está no chão. Convide-os a pensar em algumas ações que representam escolhas erradas e escrevam no desenho.

Depois que todos escreveram, convide-os a queimar os papéis enquanto cantam um canto de perdão.

Em seguida, convide-os para o próximo momento. Enquanto se dirigem ao ambiente 3, recomenda-se um canto que favoreça o recolhimento e a oração.

CRESCER NO COMPROMISSO – AMBIENTE 3

Catequista: Vamos ouvir o que Jesus fez depois que voltou do deserto.

Leitor: Vamos ouvir o Evangelho segundo São Lucas 4,14-21.

Catequista: Eis a missão de Jesus:

Todos: Anunciar a Boa-Nova, tornar o Reino de Deus presente no mundo.

Catequista: Jesus fez sua escolha, assumiu sua missão e não buscou atalhos, trilhou seu caminho. O sacramento da Crisma representa nossa maturidade como cristãos, é o momento de professar a nossa fé e assumir nossa missão. Vamos refletir um pouco, em alguns instantes de silêncio: Qual compromisso podemos assumir para melhor viver a mensagem do Evangelho?

Deixe alguns instantes de silêncio, depois oriente-os a pegar um desenho de pés e escrever o compromisso que escolheram. Em casa, eles podem colocar esse desenho em um lugar onde possam vê-lo com frequência.

Depois que tiverem escrito, convide-os a se aproximar do Círio, pegar uma vela e acendê-la.

Catequista: O que nos ajudará a viver nosso compromisso cristão é a fé. Vamos professar nossa fé e pedir que o Senhor nos ajude a alimentar nossos propósitos de servir o Evangelho.

Reze o Creio e encerre o momento com um canto à escolha.

Convide todos para o momento festivo, conforme combinado anteriormente.

Celebração com as famílias

CELEBRAR A VIDA EM COMUNIDADE

Objetivo

Reconhecer a Eucaristia como sinal de partilha e vida comunitária.

LEITURA ORANTE

- Como passo importante para o preparo do seu encontro, faça um momento de leitura orante do texto: At 2,42-47.

FUNDAMENTAÇÃO PARA O CATEQUISTA

No início do cristianismo, a Eucaristia era celebrada em forma de ceia na qual a comunidade se reunia para partilhar o alimento e rezar. No texto de At 2,42-47 encontramos os pilares da vida comunitária: ensinamento, oração, fração do pão e partilha.

A reunião da comunidade acontecia nas casas, por isso falamos da Igreja nas casas, dos pequenos grupos que viviam a fraternidade e o cuidado comum como sinal de fé. Nessa realidade, a Eucaristia era alimento da alma e do corpo; a vida do cristão era marcada pela alegria e simplicidade, pela caridade fraterna que motivava a partilha com os menos favorecidos. Por isso a Eucaristia não é apenas alimento pessoal, mas para toda a comunidade, é empenho de vida e cuidado com o outro. É necessário aprofundar a compreensão da Eucaristia enquanto alimento comunitário e enquanto partilha de vida.

MATERIAIS

- Bíblia e vela.
- Um pão grande ou vários pequenos – no caso de pãezinhos, que sejam em número suficiente para cada participante.
- Combine previamente com quatro catequizandos para que o ajudem a realizar a dinâmica do pão.

PREPARANDO A CELEBRAÇÃO

- Acolha todos e motive-os para participarem deste encontro celebrativo com alegria.

CELEBRAÇÃO

ACOLHIDA

Animador: Queridos catequizandos, hoje vamos celebrar a vida de nossa comunidade e a Eucaristia como partilha de vida. Com muita alegria, iniciemos invocando a Santíssima Trindade.

Todos: Em nome do Pai e do Filho e do Espírito Santo (pode ser cantado).

Catequista: Jesus aproveitou a importância do alimento em nossa vida para ficar entre nós. Ele fez da mesa da Última Ceia o primeiro altar para a refeição Eucarística.

Todos: Refeição é sinal de amizade, fraternidade, união e salvação.

Catequista: A Eucaristia é refeição sagrada; nela comungamos da mesma mesa e da mesma missão.

Todos: A mesa da Eucaristia nos renova e fortalece a comunhão.

PROCLAMAÇÃO DA PALAVRA

Catequista: Vamos acolher a Palavra de Deus cantando (canto à escolha do catequista).

Leitor: Vamos ouvir At 2,42-47.

REFLEXÃO SOBRE A PALAVRA

Leitor: 1: No início da Igreja, a Celebração Eucarística era chamada de Fração do Pão.

Todos: A comunidade se reunia e partia o pão pelas casas.

Leitor 2: As primeiras comunidades repetiam o gesto de repartir o pão, mesmo gesto de Jesus durante a Última Ceia com seus apóstolos e amigos.

Todos: Reconheceram Jesus no partir do pão.

Leitor 3: Comungar é partilhar a vida, ser solidário e viver em fraternidade.

Todos: Os irmãos tinham tudo em comum.

Catequista: Vamos acompanhar algumas reações diante do pão partilhado.

DINÂMICA DO PÃO (CRESCER EM COMUNHÃO, 2014, p. 29)

O catequista coloca o pão em um lugar de destaque e motiva todos para que refletiam sobre o sentido da partilha. Recorde que Jesus, ao partir o pão, deixou um grande dom: a sua presença na Eucaristia, ou seja, Ele partilhou a si mesmo. Destaque que, ao acompanhar quatro reações diferentes diante do pão que se parte, cada um deve refletir com qual mais se identifica. O catequista parte o pão e o deixa sobre a mesa; os catequizandos (que foram escolhidos anteriormente) se aproximam um por um, em momentos alternados, e realizam as seguintes ações:

> O primeiro se aproxima e recebe do catequista um pedaço de pão; pega, olha para todos os participantes e coloca o pão na boca. O catequista oferece a bandeja com o pão partido, ele faz um gesto negativo e sai da sala.
>
> O segundo se aproxima e recebe do catequista um pedaço de pão; pega, olha para todos os participantes e coloca o pão na boca. O catequista oferece a bandeja com o pão partido, ele faz um gesto negativo, cruza os braços e volta para o seu lugar, senta-se e não olha para ninguém.

> O terceiro se aproxima e recebe do catequista um pedaço de pão; pega, olha para todos os participantes e coloca o pão na boca. O catequista oferece a bandeja com o pão partido, ele faz um gesto negativo e vai se esconder em um canto da sala.
>
> O quarto se aproxima e recebe do catequista um pedaço de pão; pega, olha para todos os participantes e coloca o pão na boca. O catequista oferece a bandeja, ele aceita e distribui para todos os participantes.

Enquanto o pão é distribuído pode-se entoar um canto que fale de partilha e Eucaristia.

Após a partilha do pão, motive-os a refletir sobre a dinâmica e ajude-os a reconhecer a Eucaristia como compromisso de partilha de vida. Se considerar conveniente, releia o texto bíblico e os ajude a compreender que, motivados pela fração do pão, os cristãos partilhavam sua vida com alegria e cuidavam uns dos outros para que não houvesse necessitados entre eles.

ORAÇÃO FINAL

Animador: Na Celebração Eucarística de *Corpus Christi* é sugerido que se cante a "sequência", um hino de louvor e exaltação sobre algum tema da devoção cristã. Neste encontro vamos rezar algumas estrofes da sequência *Terra exulta* e pedir ao Senhor que nossa fé na Eucaristia cresça e se fortaleça.

Leitor 1: O que o Cristo fez na Ceia, manda a Igreja que o rodeia repeti-lo até voltar. Seu preceito conhecemos: pão e vinho consagremos para nossa salvação. Faz-se carne o pão de trigo, faz-se sangue o vinho amigo: deve-o crer todo cristão. Se não vês nem compreendes, gosto e vista tu transcendes, elevado pela fé.

Todos: Pão e vinho, eis o que vemos; mas ao Cristo é que nós temos em tão pequenos sinais.

Leitor 2: Alimento verdadeiro, permanece o Cristo inteiro quer no vinho, quer no pão. É por todos recebido, não em parte ou dividido, pois inteiro é que se dá! Um ou mil comungam d'Ele, tanto este quanto aquele: multiplica-se o Senhor.

Todos: Dá-se ao bom como ao perverso, mas o efeito é bem diverso: vida e morte traz em si. Pensa bem: igual comida, se ao que é bom enche de vida, traz a morte para o mau.

Leitor 3: Eis a hóstia dividida. Quem hesita, quem duvida? Como é toda o autor da vida, a partícula também. Jesus não é atingido: o sinal que é partido; mas não é diminuído, nem se muda o que contém.

Todos: Eis o pão que os anjos comem. Transformado em pão do homem. Só os filhos o consomem. Não será lançado aos cães!

Leitor 4: Em sinais prefigurados. Por Abraão foi imolado. No cordeiro aos pais foi dado, no deserto foi maná. Bom Pastor, pão de verdade. Piedade, ó Jesus, piedade, conservai-nos na unidade, transportai-nos para o Pai!

Todos: Aos mortais dando comida, dais também o pão da vida. Que a família assim nutrida seja um dia reunida aos convivas lá no céu!

Catequista: Que Deus nos abençoe hoje e sempre.

Todos: Amém.

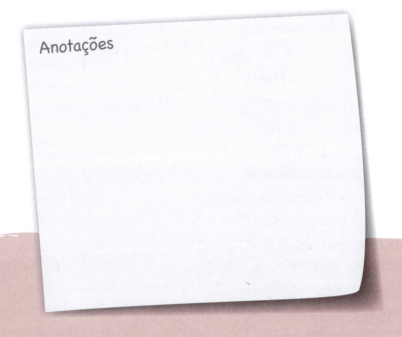

Anotações

LISTA DE SIGLAS E ABREVIATURAS

AL – Exortação apostólica *Amoris Laetitia*

CNBB – Conferência Nacional dos Bispos do Brasil

CIgC – Catecismo da Igreja Católica

CR – Catequese Renovada

ChV – Exortação apostólica *Christus Vivit*

DC – Diretório para a Catequese

DCE – Carta encíclica *Deus Cáritas Est*

DV – Constituição dogmática *Dei Verbum*

DOCAT – Doutrina Social da Igreja

DAp – Documento de Aparecida

DGAE – Diretrizes Gerais da Ação Evangelizadora da Igreja no Brasil 2019-2023

DM – Carta encíclica *Dives in Misericordia*

DP – Documento de Puebla

EG – Exortação apostólica *Evangelium Gaudium*

EM – Decreto *Ecclesia Mater*

EV – Carta encíclica *Evangelium Vitae*

FT – Carta encíclica *Fratelli Tutti*

GeE – Exortação apostólica *Gaudete et Exsultate*

GS – Constituição pastoral *Gaudium et Spes*

IGMR – Instrução Geral do Missal Romano

LG – Constituição dogmática *Lumen Gentium*

LS – Carta encíclica *Laudato Si'*

MC – Exortação apostólica *Marialis Cultus*

MV – Bula de proclamação do jubileu da misericórdia *Misericordiae Vultus*

RM – Carta encíclica *Redemptoris Mater*

RICA – Ritual da Iniciação Cristã de Adultos

SC – Constituição dogmática *Sacrosanctum Concilium*

REFERÊNCIAS

AGOSTINHO, Santo. *Confissões*: Livro IV, II. 8. ed. Rio de Janeiro: Nova Fronteira, 2011.

BÍBLIA *Sagrada*. Petrópolis: Vozes, 2012.

CATECISMO *da Igreja Católica*. Edição típica vaticana. São Paulo: Loyola, 2000.

CELAM. *Documento de Aparecida*: Texto conclusivo da V Conferência Geral do Episcopado Latino-Americano e do Caribe. São Paulo: Paulinas, 2007.

CNBB. *Diretório Nacional de Catequese*. 4. ed. Brasília: Edições CNBB, 2019. (Documento n. 84).

CONSELHO PONTIFÍCIO PARA A FAMÍLIA. *Sexualidade humana*: Verdade e significado – Orientações educativas em família, 08 de dezembro de 1995. Disponível em: https://www.vatican.va/roman_curia/pontifical_councils/family/documents/rc_pc_family_doc_08121995_human-sexuality_po.html. Acesso em: 01 dez. 2021.

CONSELHO PONTIFÍCIO PARA A PROMOÇÃO DA NOVA EVANGELIZAÇÃO. *As parábolas da misericórdia*. São Paulo: Paulus, 2015-2016.

CNBB. *Com Maria rumo ao novo milênio*: A mãe de Jesus, na devoção, na Bíblia e nos dogmas. São Paulo: Paulinas, 1998. (Documento n. 32)

Crescer em Comunhão: *Catequese e família*. Petrópolis: Editora Vozes, 2014. (Volume 4).

FARIA, Jacir de Freitas. *As mais belas e eternas histórias de nossas origens em Gn 1-11*: mitos e contramitos. Petrópolis: Editora Vozes, 2005.

JOÃO PAULO II. *Dives in Misericordia*: Carta encíclica sobre a misericórdia divina. Roma, 30 de novembro de 1980. Disponível em: https://www.vatican.va/content/john-paul-ii/pt/encyclicals/documents/hf_jp-ii_enc_30111980_dives-in-misericordia.html. Acesso em: 28 nov. 2021.

JOÃO PAULO II. *Evangelium Vitae*: Carta encíclica sobre o valor e a inviolabilidade da vida humana. Roma, 25 de março de 1995. Disponível em: https://www.vatican.va/content/john-paul-ii/pt/encyclicals/documents/hf_jp-ii_enc_25031995_evangelium-vitae.html. Acesso em: 05 dez. 2021.

KOLLING, I. M. T. *Cantos e orações*: Para a liturgia da missa, celebrações e encontros. 4. ed. Petrópolis: Vozes, 2004.

MANTOVANI, R. H. R.F. *Crescer em comunhão*: catequese crismal. Petrópolis: Editora Vozes, 2015.

MARTIN, A. *Cartas deuteropaulinas e cartas católicas*. Petrópolis: Vozes, 2020.

PAPA FRANCISCO. *Amoris Laetitia*: Exortação apostólica pós-sinodal sobre o amor na família. Brasília: Edições CNBB, 2016.

PAPA FRANCISCO. *Christus Vivit*: Exortação apostólica pós-sinodal para os jovens e para todo o povo de Deus. Brasília: Edições CNBB, 2019.

PAPA FRANCISCO. *Fratelli Tutti*: Carta encíclica sobre a fraternidade e a amizade social. Brasília: Edições CNBB, 2020.

PAPA FRANCISCO. *Laudato Si'*: Carta encíclica sobre o cuidado da casa comum. São Paulo: Paulinas, 2015.

PAPA FRANCISCO. *Misericordiae Vultus*: Bula de proclamação do jubileu extraordinário da misericórdia. Brasília: Edições CNBB, 2016.

PAPA FRANCISCO. *Palavras do Santo Padre Francisco*. Via-Sacra no Coliseu, Roma, 29 de março de 2013. Disponível em: https://www.vatican.va/content/francesco/pt/speeches/2013/march/documents/papa-francesco_20130329_via-crucis-colosseo.html. Acesso em: 07 dez. 2021.

PAULO VI. Sacrosantum Concilium: Constituição dogmática. *In*: KLOPPENBUTG, Frei B. (org.). *Compêndio do Vaticano II*: constituições, decretos, declarações. Petrópolis: Vozes, 1968.

PAULO XI. Gaudium et Spes: Constituição pastoral. *In*: KLOPPENBUTG, Frei B. (org.). *Compêndio do Vaticano II*: constituições, decretos, declarações. Petrópolis: Vozes, 1968.

PONTIFÍCIO CONSELHO PARA A PROMOÇÃO DA NOVA EVANGELIZAÇÃO. *Diretório para a Catequese*. Brasília: Edições CNBB, 2020.

PUPO, D. R. *Celebrações no itinerário catequético... Sobre o que estamos falando?* Petrópolis: Vozes, 2020.

RATZINGER, J. *Santa missa "Pro eligendo Romano Pontifice"*. Homilia do Decano do Colégio Cardinalício, 18 de abril de 2005. Disponível em: https://www.vatican.va/gpll/documents/homily-pro-eligendo-pontifice_20050418_po.html. Acesso em: 01 dez. 2021.

RIBÓLLA, J. *Os sacramentos trocados em miúdos*. Aparecida: Santuário, 1990.

SAINT-EXUPÉRY, A. de. *O Pequeno Príncipe*: com as aquarelas do autor. Tradução de Rodrigo Tadeu Gonçalvez. Petrópolis: Vozes, 2015.

Anotações

Conecte-se conosco:

f facebook.com/editoravozes

@editoravozes

@editora_vozes

youtube.com/editoravozes

+55 24 2233-9033

www.vozes.com.br

Conheça nossas lojas:

www.livrariavozes.com.br

Belo Horizonte – Brasília – Campinas – Cuiabá – Curitiba
Fortaleza – Juiz de Fora – Petrópolis – Recife – São Paulo

  Vozes de Bolso

EDITORA VOZES LTDA.
Rua Frei Luís, 100 – Centro – Cep 25689-900 – Petrópolis, RJ
Tel.: (24) 2233-9000 – E-mail: vendas@vozes.com.br